发现自然之美

神奇的矿物图解

新境界 国门博物书系

杨柽涓 著

葛右雯 绘

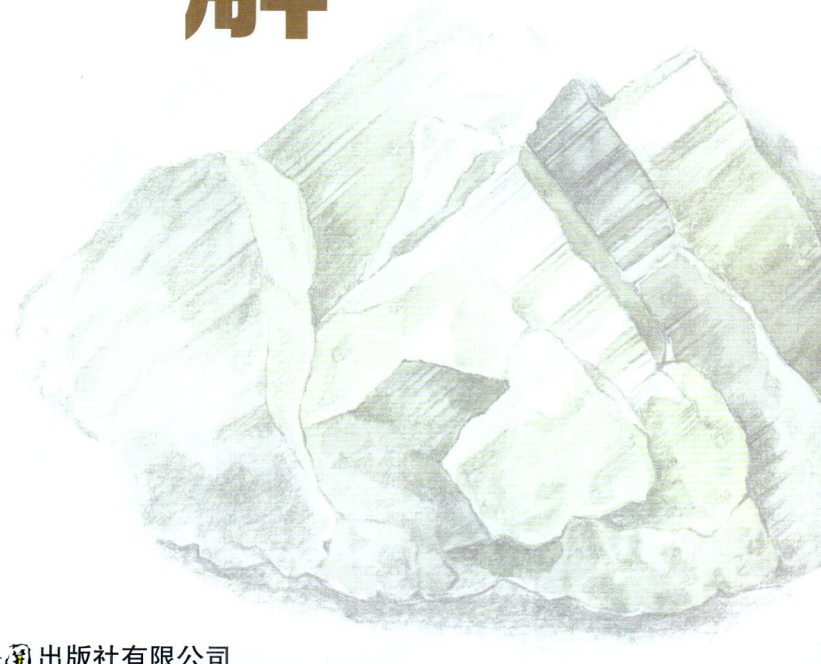

中国海关出版社有限公司

图书在版编目（CIP）数据

发现自然之美：神奇的矿物图解 / 杨梓涓著；葛若雯绘 . — 北京：中国海关出版社有限公司，2024.10

　　ISBN 978-7-5175-0805-2

　　Ⅰ.①发… Ⅱ.①杨…②葛… Ⅲ.①矿物 - 图解 Ⅳ.① P57-64

中国国家版本馆 CIP 数据核字（2024）第 108796 号

发现自然之美：神奇的矿物图解
FAXIAN ZIRAN ZHI MEI: SHENQI DE KUANGWU TUJIE

作　　者：杨梓涓　葛若雯

责任编辑：周　爽　傅　晟

责任印制：孙　倩

出版发行：中国海关出版社有限公司

社　　址：北京市朝阳区东四环南路甲 1 号　　　　邮政编码：100023

编 辑 部：01065194242-7537（电话）

发 行 部：01065194221/4238/4246/5127（电话）

社办书店：01065195616（电话）

　　　　　https://weidian.com/? userid=319526934（网址）

印　　刷：北京利丰雅高长城印刷有限公司　　　　经　　销：新华书店

开　　本：889mm×1194mm　1/16

印　　张：7.75　　　　　　　　　　　　　　　　字　　数：100 千字

版　　次：2024 年 10 月第 1 版

印　　次：2024 年 10 月第 1 次印刷

书　　号：ISBN 978-7-5175-0805-2

定　　价：78.00 元

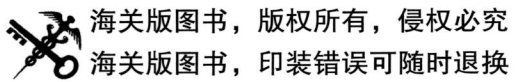

要说写这本书的初衷，那还要从我相识多年的一位友人说起……

大概是从我刚开始着手做地质科普时，我和她就建立了联系。直到 2022 年时，友人苦于国内市场上缺少一本图文并茂的原创矿物科普读物，提议我和若雯（本书配图作者）合作，尝试做一本本土原创矿物图鉴。我们也因此结下了深厚的友谊，商量如何做好一本专业知识夯实且不枯燥、兼具欣赏性的矿物科普书。从决定共同创作的那一刻开始，我们便迈出了艰难的步伐。功夫不负有心人，历经近两年的打磨，本书终于和各位读者见面，希望读过这本书的每一位都能有所收获。

本书主要由两部分组成，包括基础篇和详知篇。对于矿物来说，描述其特征、性质等是相对抽象的，了解与矿物性质相关的专业名词是我们认识矿物的"法宝"。因此，基础篇的作用是，对下一篇矿物的具体描述提供尽可能详尽的铺垫。我们从矿物在人们日常生活中的应用出发，引入矿物形态、化学成分、光学性质和物理性质等的描述，涵盖晶形、对称性、聚形、双晶、光泽、衍射、硬度、韧性、解理等矿物性质，以尽可能通俗易懂的语言来阐释矿物的专业知识。期望广大读者朋友读完基础篇后，能对矿物分析产生系统的认识。详知篇选取了较为常见的 38 种矿物来进行讲解，用生动的语言和写实的图画来展现不同矿物的特征，辅以详细的矿物性质知识表格，以供读者清晰地查阅、比较。要特别说明的是，本书收录的欧泊和琥珀不属于矿物，前者为非晶质体，后者为由有机质组成的非晶质集合体。

石墨和金刚石有着同样的化学成分，为什么石墨能呈现出一片一片的形态、质地柔软，而金刚石则呈现坚硬无比的八面体？堪称自然界硬度最高的金刚石为何掉在地上竟然也会碎裂？为什么用牙咬一咬就能辨别黄金的真假？红宝石和蓝宝石有一致的化学成分，为什么会呈现不同的颜色？……这些有趣的问题在这本书里可以为各位读者朋友一一解答。如果这本书能引发各位读者对矿物产生兴趣、能将获得的矿物知识应用在实际生活中，提升矿物的赏鉴能力，那便是一件幸事。

最后，衷心感谢为本书创作提供帮助的每一位老师、朋友！行文匆匆，难免疏漏，恳请广大读者朋友们指正。

杨梓涓

2024 年 7 月

目　录

基础篇

初遇·矿物

Chapter 1

大地瑰宝

——矿物与生活

矿物从何而来，到哪里去？发源于地壳深部和上地幔的岩浆向地表进发，通过侵入地壳上部（花岗岩等侵入岩）或火山喷发至地表冷凝（如玄武岩、安山岩等喷出岩）成岩；在风化、搬运、沉积作用下形成沉积岩（砂岩、泥岩、页岩等）；在高温高压等作用下引起岩石结构、成分发生变化，形成变质岩（大理岩、片岩、板岩等）。岩浆岩、沉积岩和变质岩相互转化，涵盖了世界上 6000 余种矿物（数据来自国际矿物学协会，截至 2024 年 7 月）。生命演化早期，矿物参与了光催化生成小分子的工作；时间飞逝，人类刀耕火种，以石矛驱赶野兽，以燧石（俗称火石）取火。从石器时代、青铜时代、铁器时代，再到工业时代、信息时代，矿物为人类发展提供了有力的原材料保障。小到房屋盖板、窗台和石英钟表等日常用品、大到航空航天、芯片制造等领域，矿物制品在人们生活的方方面面都扮演着重要的角色。

　　地球像是一个能自动调节温度和压力的"魔法口袋"，可以产出各种各样瑰丽神奇、结构固定的矿物。这些矿物可能是单质（指由单一自然元素形成的矿物，如金刚石、自然金），也可能是不同元素"抱团"形成的化合物（如刚玉、石盐）。不同矿物的"朋友圈"不同（形成时的氧化还原条件、温度和压力条件、次生作用等），"抱团"起来有了我们生活中看到的、不同性质的岩石（按照形成原因分为岩浆岩、沉积岩和变质岩）。

　　矿物在生命演化早期发挥了巨大的作用。将时间拨回至距今约46亿年前——地球形成的初始阶段，火山喷发、地震频繁，地球通过自身引力从太阳星云捕获的氢气和氦气成为地球的原始大气，陨石的不断撞击促进地球某些物质的挥发分释放水和二氧化碳，橄榄岩蛇纹石化形成氢气。在热泉遍布的地球表面，自然硫（主要来自火山活动）接受紫外光持续还原大气中的二氧化碳，形成小分子有机物——甲酸（$HCOOH$）。热泉周围冷却形成的水池中存在的闪锌矿、硫锰矿等其他天然硫化物，这些矿物也能发生类似的光催化反应，促进二氧化碳形成有机物。在小分子有机物的积累、早期大气的强还原性和偶尔的闪电作用下，小分子有机物合成各种氨基酸（即蛋白质的重要组成）。磁铁矿和黏土矿物表面也有吸附小分子和催化聚合的作用。具有层状晶体结构的水钠锰矿（我国北方的戈壁、南方的喀斯特和红壤典型地貌的岩石和土壤颗粒表面中存在"矿物膜"，富含水钠锰矿、铁锰氧化物）与叶绿体结构类似，同样有光催化作用，在可进行产氧光合作用的生物——蓝藻出现之前就已形成于地球环境中，将太阳光子转化为光电子利用，生命便从此开始萌芽。

　　在日常生活中，矿物在人类衣食住行中充当了不可替代的角色。人类生活早期用石矛驱赶野兽，将捡拾的砂矿矿物晶体当作首饰，以燧石取火。人类进入文明时期，晶莹剔透、稀有珍贵的部分矿物成为王权的象征。色彩鲜艳的矿物也被应用在众多的壁画和彩色绘画中，如知名画作《千里江山图》，便是以孔雀石为石绿，以蓝铜矿为石青绘制而成的，孔雀石和蓝铜矿在自然界中的样子正如图1所示。冶炼天然铜、铁陨石等金属矿物来制造青铜器、铁器，推动社会的发展。到现代，矿物的用途被更多地发掘出来。火灾现场消防员的防护服和家里做饭使用的防高温制品都是石棉发挥其可抵御千度高温特性的结果。污水处理厂中，沸石不断吸附杂质从而达到处理废水的作用。从室内的花岗岩地板（主要由长石和石英组成）、石膏制成的建材板（硅酸盐制品，可以由石英、长石、石灰石、高岭石等烧制）到随处可见的玻璃制品，从绘图必备的铅笔（由石墨和黏土矿物制成）到化妆品中起闪亮作用的绢云母和粉质细腻的滑石再到面膜中起吸附毛孔杂质作用的蒙脱石等，可以说，矿物悄无声息地进入千家万户。

⬡ **图 1　蓝铜矿和孔雀石** ①

（产地：广东阳春）

---

① 蓝铜矿和孔雀石常常伴生在一起，是大自然浓墨设色的"千里江山图"。

Chapter 2

认识矿物

除液态自然汞外，绝大多数矿物在常温下都处于固态。按照定义，矿物是具有一定内部结构和化学成分，遵循一定几何形态和理化性质的单质和化合物，其内部的原子或离子能在三维空间周期性地重复，就像无数个相同的积木块有序地组合在一起一般。我们见到的晶体实际上就是这种微观结构的表现。矿物不同的排列规律导致其具有典型的规则形态（即晶形）；化学成分的差异导致不同矿物的颜色和发光性不同；化学键之间的相互作用对矿物的硬度、解理、光泽和导电性质等存在影响。

2-1　形态

矿物的形态不仅是我们感知矿物的主要角度，更蕴含了晶体微观世界的诸多奥秘。矿物晶体依照晶体外形的对称性来分类。在三维空间中，对称面、对称轴和对称中心都能用来分析晶体的对称。这种对称不仅局限在形态上的对称，还包括如导电性、导热性等物理性质的对称。具体来说，对称面（P）类似一面镜子，在对称面两边，晶体互为镜像（如图 2 所示）。对称轴像穿糖葫芦的签子，假想穿过晶体中心旋转一周计数重复的次数（轴次），有二次轴（L^2，表示相同部分重复 2 次）、三次轴（L^3）、四次轴和六次轴。这时你会疑惑为什么没有五次轴呢？原因很简单，旋转一周是 360°，如果存在五次重复，每个重复部分应占据 72°；另一方面，如果存在五次重复，至少说明对称的横截面是正五边形，正五边形的每个角为 108°，我们无法找出整数倍的正五边形组成没有空隙的组合，因此不存在五次对称轴。同理，也不存在高于六次轴的对称轴。对称中心（C）相当于晶体中心，晶体一侧的特点通过该中心反伸后可以找到同样的特点，类似数学旋转对称。

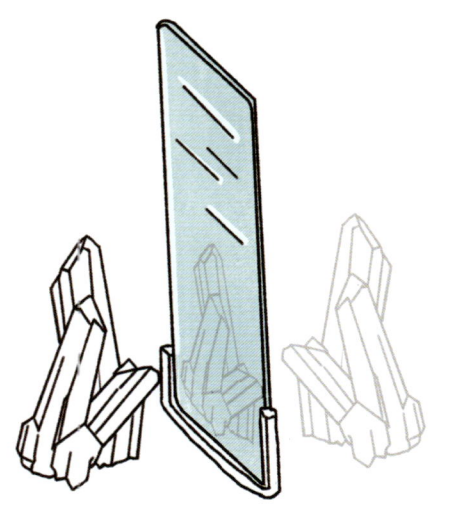

图 2　晶体对称面示意图

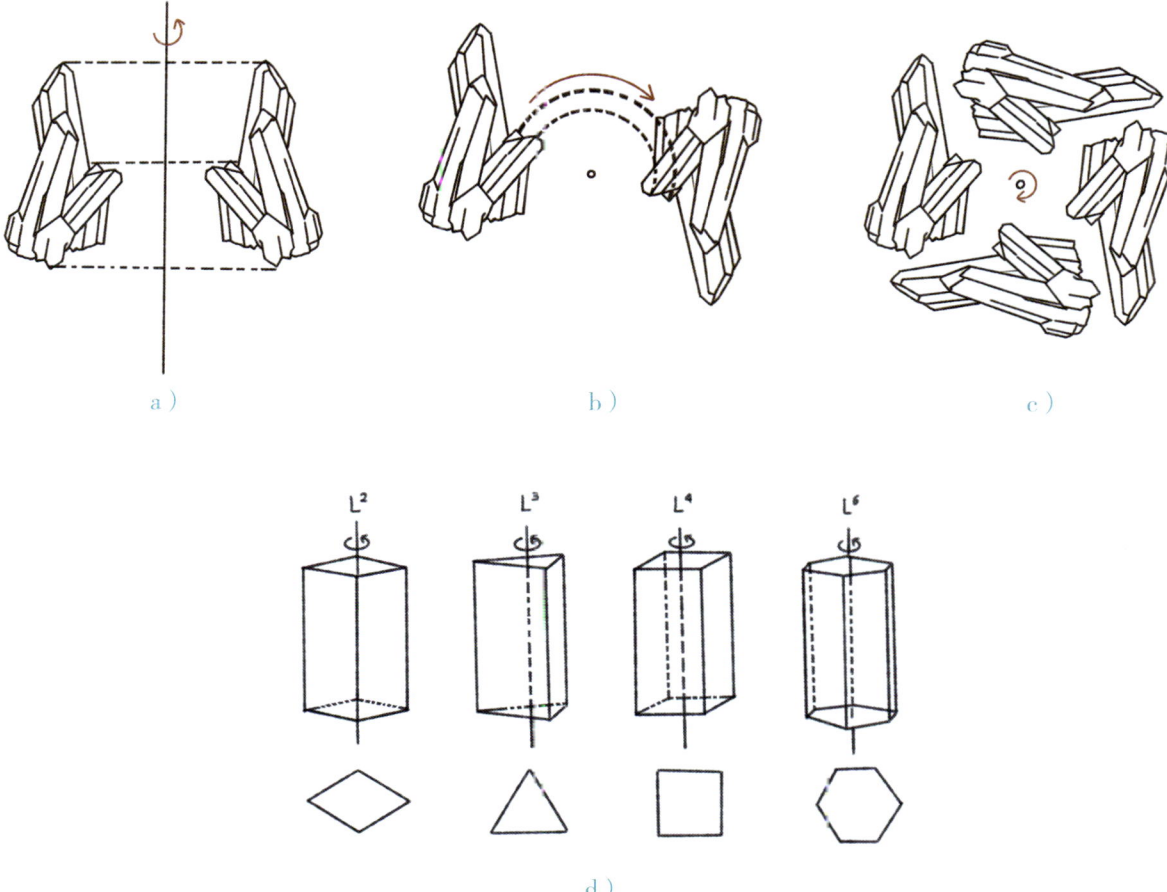

a)　　　　　　　b)　　　　　　　c)

d)

图 3　晶体对称轴示意图

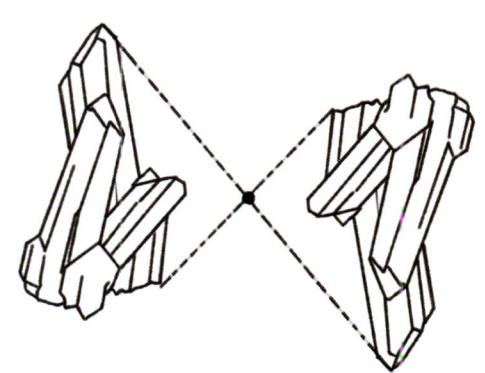

图 4　晶体对称中心

晶体的对称轴（如图 3 所示）是一种三维立体层面的对称轴，从对称轴正（侧）面见图 3 a)，对称轴像对称面一样将晶体分为互为镜像的两部分；从对称轴顶面看，对称轴变成平面的一个点，晶体的对称部分按一定角度多次出现。二次轴如图 3 b)，晶体对称部分绕对称轴旋转 13C° 时重合 [旋转后多大角度可以：360°÷2（轴次)=180°]。四次轴如图 3 c)，晶体对称部分绕对称轴旋转 90° 时重合 [旋转后多大角度可以：360°÷4（轴次)=90°]。图 3 d) 给出了不同对称轴的情形。对称中心本质是一种三维的旋转对称，即在过对称中心的任意连线上，两端晶体生长得完全一致（如图 4 所示）。

如图 5 所示，可以看到，三角形、四边形、六边形旋转一周，都能形成晶面严密的形状，而五边形和七边形甚至更多边形不能形成晶面之间紧密排列（严丝合缝）的形状，因此，不存在五次轴和六次以上的轴。

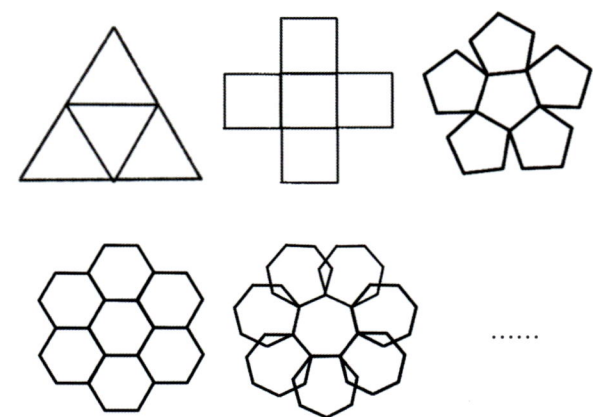

图 5 不同形状旋转一周示意图

根据晶体的对称性，矿物晶体可划分为三斜晶系、单斜晶系、斜方晶系、三方晶系、四方晶系、六方晶系和等轴晶系，矿物晶系和常见矿物详见表 1。不同晶系有不同特征的形态。同一晶系内，不同单形可以组合成聚形。当我们遇到矿物呈聚形时，分析矿物对称性和晶系的难度会大大增加。常见的七大晶系的示意图，如图 6 所示。

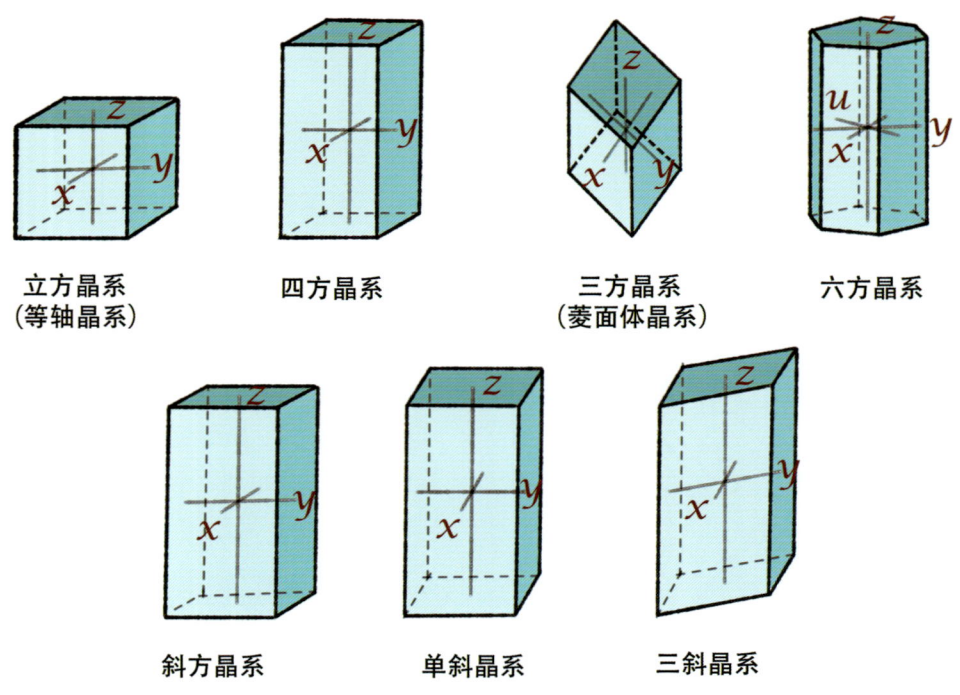

图 6 七大晶系示意图

表 1 矿物晶系和常见矿物

晶族	晶系	对称性	常见单形	常见矿物举例
低级晶族	三斜晶系	C	单面，平行双面	滑石、蔷薇辉石、单晶绿松石、高岭石、叶腊石
	单斜晶系	L^2 或 P 只存在一个	轴双面、反映双面、斜方柱	透辉石、锂辉石、透闪石、孔雀石
	斜方晶系	L^2 或 P 多于一个	斜方四面体、斜方双锥、斜方单锥	橄榄石、坦桑石、金绿宝石、红柱石、顽火辉石、堇青石
中级晶族	四方晶系	有一个 L^4 或 Li^4	四方单锥、四方双锥、四方柱、四方偏三角面体	锆石、金红石、符山石、锡石
	三方晶系	有一个 L^3	三方柱、三方双锥、六方柱、菱面体	电气石、石英、刚玉、菱锰矿、方解石
	六方晶系	有一个 L^6 或 Li^6	六方柱、六方双锥	祖母绿
高级晶族	等轴晶系	有四个 L^3	立方体、八面体、菱形十二面体、五角三八面体、四角三八面体	金刚石、石榴石、尖晶石、萤石、方钠石、石盐

注：Li 是一种特殊的轴，称为"旋转反伸轴"，与普通的 L 轴不同。如晶体有 X 次轴，沿该旋转对称轴旋转一周（360°），可以与原晶伍（旋转前的晶体）重合 X 次；如晶体有 X 次旋转反伸轴，则晶体围绕此直线旋转一定角度（360°÷X）后，再对此直线上的点进行反向延伸，可使晶体上相等的部分重复。

看完表格，有人可能会问，为什么同一种晶系下不同矿物会呈现不同单形？甚至同种矿物也有这种情况？一方面，矿物的成分越简单，晶体的对称性越高，趋向于等轴状发展。晶体生长时也会"避重就轻"，朝着化学键强的方向发展〔这与分子结构、晶胞（即构成晶体的最基本的几何单元）大小、电负性等相关，常见的层状硅酸盐矿物（如滑石、白云母等）以片状发育〕。晶体上的晶面也会遵循生长面网密度大的晶面为原则——布拉维法则，向面网密度最大的晶面努力生长。这几重内医寻致不同矿物可能有形成不同单形的趋向。另一方面，正如"东风不与周郎便，铜雀春深锁二乔"，除了矿物自身的原因，外部生成环境的差异，如压力、温度、溶液浓度、酸碱度、黏度、生长位置等，都会导致同种矿物出现不同的结晶习性。

硅铁灰石（如图 7 所示）属于三斜晶系，在湖北大冶、云南昭通等地有发现，属于钙铁单链硅酸盐矿物，是由多个平行双面组合成的晶形。

对同种矿物，由两个及以上的单形聚合起来形成聚形。组成聚形的这些单形可以完全相同，也可以是同一对称型的单形。具体来说，聚形相当于多个单形在空间上相聚后的共有部分。例如，黄铁矿常呈立方体和五角十二面体，也存在由五角十二面体单形和八面体组成的聚形。对于一个未知的聚形矿物，我们通常先找出该矿物的对称轴、对称面和对称中心，判断矿物所属的对称型；观察聚形上存在的不同晶面，判断聚形中的单形种类和数量。

10

图 7　硅铁灰石

（产地：云南昭通）

黄铁矿的一种聚形形态（如图 8 所示），由五角十二面体单形和八面体单形聚合而成。这种从矿物聚形到单形的分析是一种逆向思维过程，将复杂的形态逐渐拆解为常见的单一形态，需要很强的空间想象能力。

等轴晶系矿物——方铅矿和磁铁矿的常见聚形形态。图 9 中，方铅矿聚形由立方体（a）和八面体（o）单形组成，磁铁矿聚形由八面体（o）和菱形十二面体（d）组成。

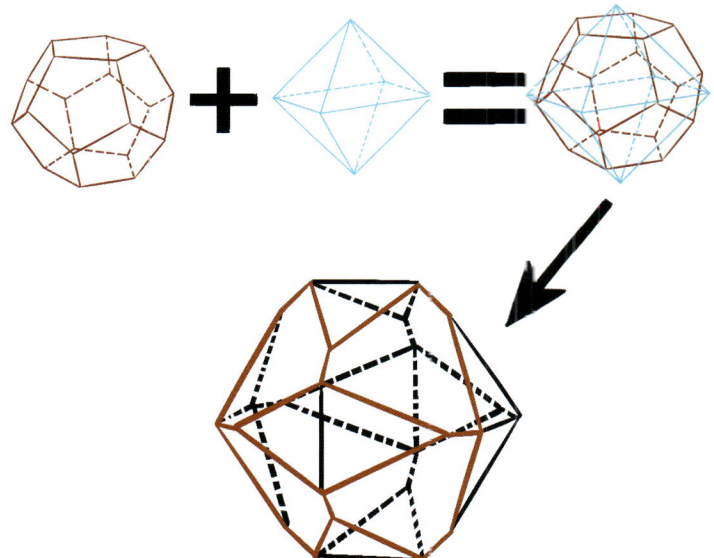

图 8　聚形黄铁矿示意图

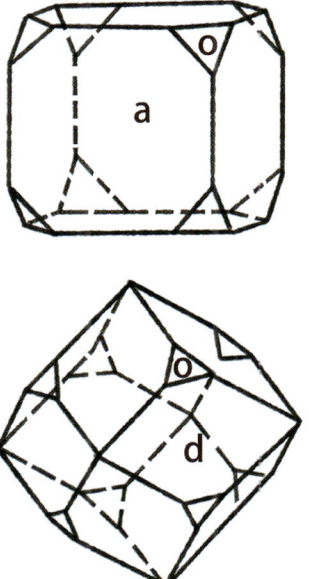

图 9　聚形方铅矿（上）和聚形磁铁矿（下）示意图

当多个同种矿物晶体组合时，可以形成平行连生和双晶。平行连生即棱面互相平行的多个晶体的组合；双晶即两个以上同种晶体形成的棱面不平行的组合，如水晶的膝状双晶、金绿宝石的假六方三连晶穿插双晶，长石的卡式双晶等。这种双晶的形成需要"天时地利人和"，一般可以分为三类。第一类，在晶体形成过程中，由晶芽或小晶体按双晶的位置互相接触形成，仿佛孪生兄弟姐妹一般紧密组合。第二类，双晶在同质多象的过程中形成，最典型的例子是 β-石英（六方晶系）转变为 α-石英（三方晶系，水晶的矿物成分）时形成的双晶。第三类，受外力影响，在外力的机械应力作用下，晶体的一部分沿着晶面的面网滑动形成。

水晶中的"日本律双晶"（如图 10 所示，一般由两个扁平状水晶单体组成）属于接触双晶的一种，最早发现于日本山梨县。在日本，马达加斯加，我国湖北黄石、广西河池、内蒙古克什克腾旗等地均有产出。类似的接触双晶还有石膏的燕尾双晶、方解石接触双晶、透视石接触双晶等，接触双晶常会呈现爱心形状。

图 10　日本律双晶

　　常见的穿插双晶还有辰砂矛状双晶、正长石卡斯巴双晶、金绿宝石假六方三连晶穿插双晶、道芬双晶[1]、十字石穿插三连晶等。

---

[1]　道芬双晶特指水晶的一种穿插双晶，由两个左形或两个右形石英晶体以结晶轴为双晶轴旋转180°而形成的穿插双晶。

2-2　化学成分

如果把矿物比作人，化学成分无疑提供了重要的物质基础。按照化合物的类型，矿物一般被分为自然元素类、硫化物类、氧化物—氢氧化物类、含氧盐类、卤化物类，共五类。

常见的金刚石、自然金、自然银等矿物，由单一化学元素形成，称为自然元素矿物。闪锌矿、黄铁矿、辉锑矿、黄铜矿、辰砂等矿物由金属元素（锌、铁、锑、铜、汞等）与硫（及硫的类似元素，如砷、铋等）结合形成，称为硫化物矿物。工业中常见的有色金属和部分稀有元素大多来自硫化物及类似化合物矿物。氧化物—氢氧化物矿物类下有三百多种矿物，其中，氧化物矿物通常有着比较完美的晶形，如桶状红宝石（红刚玉）（如图 11 所示），两端锥状、中间呈六方柱状聚形的水晶（石英），四方柱状的金红石等，这类矿物硬度高、密度大、光泽强。氢氧化物矿物少有结晶好的情况（板状、鳞片状），大多表现为胶态混合物，如水镁石、针铁矿、三水铝石（如图 12 所示）等，这类矿物硬度低、光泽弱。卤化物矿物是金属阳离子和卤族元素（氟、氯、溴、碘、砹、础）阴离子形成的化合物，"夜明珠"萤石和盐湖中的石盐（氯化钠）都是典型的卤化物。

⬡ 图 11 红刚玉 [①]

---

① 呈现桶状形态的红宝石（红刚玉）属于氧化物矿物，有着玻璃般的光泽，以及可耐受小刀刻划的硬度。

◈ 图 12 三水铝石 ①

　　含氧盐矿物包括了硅酸盐、碳酸盐、磷酸盐、砷酸盐、钒酸盐、硫酸盐、铬酸盐、钨酸盐、钼酸盐、硼酸盐、硝酸盐等一大类矿物。

　　硅酸盐既是构成三大类岩石（岩浆岩、沉积岩和变质岩）的主要的造岩矿物，又是黏土的主要组分（如高岭石、蒙脱石、伊利石等）。身边常见的陶瓷、水泥、砂材、玻璃、显示屏、电路板、防火剂等都有硅酸盐的踪迹。花岗岩台面中的红色矿物（如钾长石）、暗色矿物（如黑云母、角闪石）都是常见的硅酸盐矿物（硅酸盐矿物如日光榴石，如图 13 所示）。常见的建筑板材——大理石（以方解石为主要成分），以及具有观赏价值的蓝色文石（如图 14 所示）都是碳酸盐矿物。

① 　三水铝石是铝的氢氧化物矿物，单晶体几乎不可见，一般常见结核状、豆状的集合体形态，属于含铝矿物（如长石等）风化后的产物。细嗅可能有泥土臭味。

图13　日光榴石 [1]

（产地：内蒙古）

① 日光榴石是一种硅酸盐矿物，属于等轴晶系，一般呈四面体或八面体状态，集合体为不规则的球状。因含有约 11%～14% 的氧化铍（BeO），所以它是提取铍的重要矿石矿物。

图 14 蓝色文石 [1]

---

[1] 文石是一种碳酸盐矿物，属于斜方晶系，一般呈白色、黄色或红色，蓝色—蓝绿色文石比较罕见，最为珍贵。

表 2 常见的矿物

自然元素大类

金　　属：自然金、自然银、自然铜、自然铂、自然砷、自然锑

非 金 属：金刚石（钻石）、石墨、硫

硫化物大类

辰砂、黄铁矿、闪锌矿、雄黄、辉钼矿

氧化物—氢氧化物大类

氧 化 物：石英（水晶 *）、刚玉（红刚玉、蓝刚玉）、赤铁矿、金红石、锡石、磁铁矿、软锰矿、尖晶石

氢氧化物：针铁矿、水锰矿、三水铝石、硬水铝石

卤化物大类

萤石、石盐、氯铜矿、冰晶石

含氧盐大类

硅 酸 盐：长石族（正长石、斜长石、月光石、日光石、天河石、拉长石等）、橄榄石、石榴石、云母、辉石、锆石、角闪石、绿柱石族（祖母绿、海蓝宝石、堇青石等）、金绿宝石、电气石、高岭石、绿泥石、蛇纹石、红柱石、硅灰石、滑石、黄玉（托帕石）、黝帘石（坦桑石）、十字石、榍石、鱼眼石、赛黄晶、葡萄石、阳起石

碳 酸 盐：方解石、白云石、菱锌矿、菱铁矿、菱镁矿、菱锰矿、白铅矿、蓝铜矿、孔雀石、文石

硫 酸 盐：水胆矾、重晶石、石膏、天青石

磷 酸 盐：绿松石、磷灰石、磷氯铅矿、磷铝石、独居石、银星石、光彩石

钒 酸 盐：钒铅矿

硼 酸 盐：硼锂铍矿、方硼石

钼 酸 盐：钼铅矿

砷 酸 盐：镍华、钴华、臭葱石、砷铅矿

铬 酸 盐：铬铅矿

钨 酸 盐：白钨矿

硝 酸 盐：钠硝石

注：括号内为商业名或宝石名称。

　　市售的玛瑙、玉髓、雨花石、天珠、虎睛石、鹰睛石、玻璃陨石与水晶的化学成分一致，都是二氧化硅（SiO_2）。不同的是，前述宝石属于隐晶质、集合体或非晶质形态，而水晶属于显晶质晶本。

2-3　光学性质

我们为什么能看到矿物呈现不同的颜色？

环顾四周，葱葱的绿植、轻薄的窗纱、古朴的原木书桌……一切皆有颜色。你是否也曾想过，是什么赋予我们看到颜色的能力？再如，紫水晶、绿松石、蓝铜矿、红玛瑙、红硅钙锰矿（如图15所示）这样的宝石或多或少曾使你的目光为之停留。你或许也会想，是什么力量让大自然中的矿物呈现不同的色彩？

图15　红硅钙锰矿[①]

（产地：湖北黄石，现藏于中国西安俯仰景和博物馆）

---

① 红硅钙锰矿是一种含水的钙锰复合硅酸盐，主要由锰元素致色，呈现粉红、桔红、玫瑰红、深葡萄酒红色。单晶体呈扁柱状或刀片状，组成束状、放射状或球状集合体。

先来回答第一个问题：我们是如何看到这些五光十色的矿物。我们所看到的颜色实际上是一种视网膜接收不同光信号后刺激大脑形成的感觉。展开来说，首先，要有光。闪回任意一次感知到颜色的记忆，不难发现，灯光、日光、月光……总有一些光线支撑你感知周围环境的颜色。光与被观察物体之间的反射、折射、衍射、透射、漫反射等一系列光学作用的组合，导致光的传播路线发生了变化，进而光线进入你的眼球，刺激视网膜上视锥细胞和视杆细胞的兴奋，沿不同神经通道传入大脑视觉中枢加工，形成奇妙的视觉体验。（如图16所示）所以说，人感知颜色是一个复杂的进程，光、观察物、眼睛（大脑）对人们感知颜色来说缺一不可。

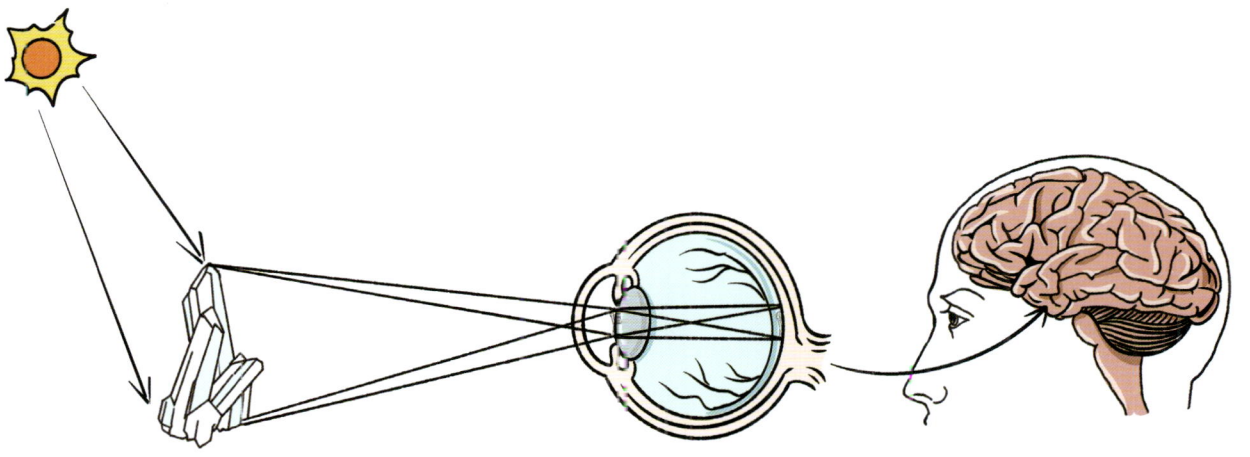

图16　人感知颜色的过程示意图

那么，为什么红宝石可以呈现出各种红色，而绿松石只呈现特定的蓝绿色呢？一般来说，我们所感知的矿物颜色是矿物内部致色因子对光不同波长选择性吸收、透射或反射的结果。对透明矿物而言，光更多透射而较少反射，其颜色是透射光谱的表征。对不透明矿物而言，光的反射占据更大比例，同时，吸收和透射仅占很小一部分，因此，不透明矿物的颜色是反射光谱的颜色。回到段首的问题，红宝石（红刚玉）中是铬离子选择性吸收黄绿色和蓝紫色光，导致光穿过这种透明矿物后残余红光、橙光和部分蓝光。作为一种透明矿物，红宝石就呈现了这种透射后残余混合的红色。同理，祖母绿在吸收部分可见光后，残余能量表现为浓郁的祖母绿色。对绿松石这种近不透明的矿物而言，铜离子中电子跃迁导致其仅有蓝色为主的光反射，因而呈现蓝色为主的色调。

再如，市场上常见不同价位的水晶，如"红兔毛"（内含赤铁矿）、"绿幽灵"（尘埃状绿泥石包体[①]）、发晶（针状或纤维状的金红石、阳起石、电气石等晶体）、草莓晶（鳞片状、针状的赤铁矿、纤铁矿等铁氧化物包体）等，不同的内含物充填使原本无色（或白色）的水晶变得绚烂缤纷，这种现象属于机械混入物导致的颜色。像月光一样散发朦胧感的月光石（正长石、钠长石）实际上是两种不同的长石成分层状交互的结果。钠长石在正长石中出溶，定向分布在正长石晶体中，折射率的差异导致入射光线发生散射，因此形成"月光"。

此外，稀土元素、色心（晶格缺陷，如萤石）、离子间的电荷迁移致色（如堇青石、蓝宝石）、能带间的电子跃迁致色（如钻石）等也是宝石成色的原因。

① 包体指晶体生长过程中界面所捕获的夹杂物，按照与主矿物形成的关系可以分为原生包裹体和次生包裹体。按照包体形态可以分为气相、液相、固相、两相、三相包裹体。

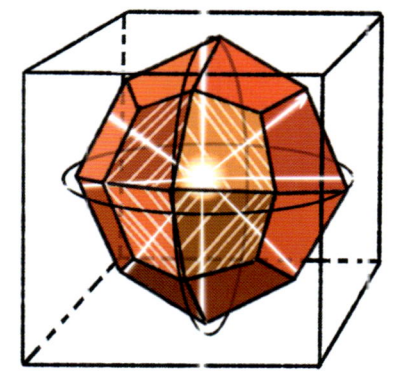

图 17 光线穿过四角三八面体的
石榴石晶体示意图

2-4 光在矿物中的传播

光沿直线传播，但当光线运动至障碍物（指矿物）时，便会付诸一系列实际行动。如金刚石、尖晶石、石榴石等的等轴晶系矿物，以及非晶质体都属于光性均质体，换言之，光线穿过这些矿物如入无人之境，无须拐弯、绕行，直接直线通过。这些矿物在每个方向的光学性质相同，不会改变光线的传播速度和方向。如果光线碰到除等轴晶系矿物以外的其他矿物，除特殊的光轴方向外，光线都会被改变，分解为振动方向互相垂直、速度不同的两束偏光射出（被称为光的双折射）。因此，当我们测量非均质体矿物的折射率时，会出现某一范围的若干折射率值，这些数值都是正确的，代表了光进入晶体不同方向的折射率。然后，我们从中选择最大值和最小值，相减的差值即为该矿物的双折射率值。这一特征值可用于鉴定已加工的矿物（如刻面宝石）。三方晶系、六方晶系和四方晶系的矿物（如绿柱石族、锆石、刚玉族等）存在一个光轴（称为一轴晶），斜方晶系、单斜晶系和三斜晶系矿物（如长石族、辉石族、橄榄石）存在两个光轴（称为二轴晶）。非均质体随方向而异的光学性质，导致不同方向光线的选择性吸收，进而部分宝石在不同方向观察时表现出不同颜色。比较典型的是堇青石，可以在同一块矿物上观察到蓝—紫—黄的颜色变化。

光线穿过均质体不会改变其传播速度和方向，如图 17 所示，因此等轴晶系的矿物仅有一个折射率值，不存在双折射现象。

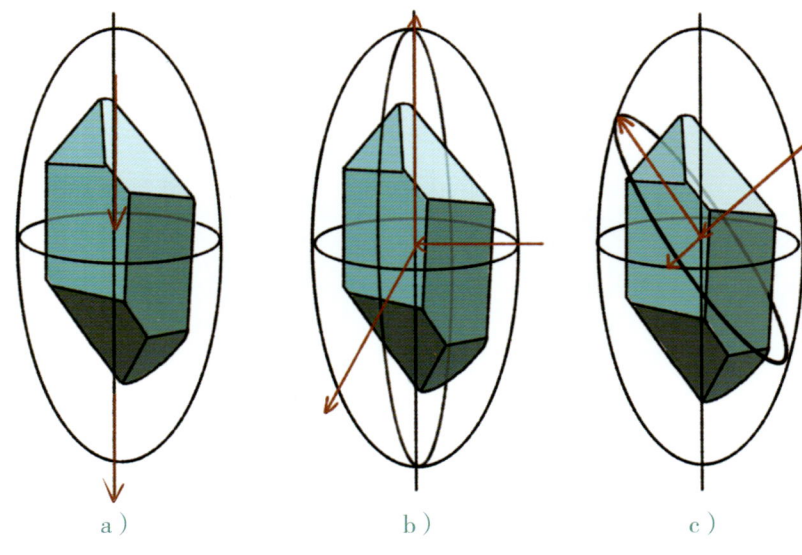

图 18　光线穿过一轴晶示意图

　　光线穿过一轴晶（一轴晶是指只有一个光轴的非均质体）晶体的不同场景，如图 18 所示。图 18 a）光线沿一轴晶晶体的光轴方向射入，在该方向，光线不会被改变传播速度和方向，只有一个折射率值。图 18 b）光线沿垂直光轴方向射入，进入晶体后被分为平行于光轴面的两束光，光线的传播速度和方向发生变化，此时测试折射率可以得到一个范围，最大值减去最小值的差值为该晶体的双折射率值。图 18 c）光线从任意方向射入，也会被分解为两束互相垂直的光线。

　　当矿物同时面对两束以上传播方向近似、波场相同、相差恒定的白光时，会产生一系列的彩色条纹。如常见的拉长石或晕彩石英，由于解理和裂隙的存在，光通过裂隙的空气薄层发生干涉，薄层顶底的光叠加导致呈现五颜六色的干涉色。

　　再如，矿物内部的分子、原子排列在与白光波长相近时，会产生衍射现象，形成一系列的光谱色条纹。欧泊内部的二氧化硅分子规则排列、紧密堆积，空隙处填充着水分子，形似天然的光栅。当白色光线照射欧泊时，随着光线入射角度的变化，不同波长的单色光就会不断发生衍射，这时我们会看到如五光十色的调色盘一般的变彩在一块欧泊上呈现出来。

　　此外，光的色散现象导致我们看到璀璨夺目的金刚石、翠榴石、榍石和锆石。光的反射和吸收导致我们看到不同光泽的矿物，比如黄铁矿的金属光泽、金刚石的金刚光泽、单晶体石英的玻璃光泽、集合体石英的油脂光泽等。在外来能量的激发下，部分矿物还会发光，如萤石（如图 19 所示），这是因为萤石（氟化钙）含有的稀土元素和过渡元素使它散发荧光甚至磷光。矿物荧光发光时间范围大，短的只一瞬，长的则有几个小时；磷光的发光时间则短，一般因强度低而不易被肉眼发现。杂质元素（多为稀土元素和过渡元素）替代主要元素后，在萤石内部形成晶格缺陷，在矿物的固有能带间形成附加能级和电子陷阱。在光激发或者热激发下，电子跃迁到激发态。如果能量较高，电子越过陷阱回落基态，辐射出可见光，称为荧光。如果激发能量较低，电子无法越过陷阱势垒，电子便会在陷阱内的不同能级跃迁并回落释放能量，形成磷光。

25

图 19　萤石

（产地：内蒙古）

2-5　物理性质

　　硬度是关于记录矿物抵抗外力刻划、压入和研磨的量度。关于矿物硬度，我们最常听到的就是"一滑二石三方解，四萤五磷六正长，七英八黄九刚玉，十度最硬是金刚"的口诀。这一口诀源自莫氏硬度，本质上是一种类似指数分布增长的相对硬度。对矿物来说，硬度固定不变，因此硬度可被用于区分不同矿物。然而，硬度存在晶体生长方向的差异，这也是人类利用金刚石粉末抛磨钻石晶体的原理所在。在生活中，我们可以利用指甲（莫氏硬度2.5）和小刀（莫氏硬度5.5）来判断矿物的大概的硬度。

　　我们也会听到钻石掉地上破裂的例子。为什么自然界硬度最高的金刚石竟会这么不堪一击？答案是韧性。韧性是矿物抵抗打击、撕拉的能力，与矿物的晶体结构和晶体间的构造有关，打个比方，韧性好类似我们小时候常吃的牛皮糖，越嚼腮帮子越酸。金刚石韧性较差，加上晶体内部发育解理，因此会出现裂开的情况。

　　解理是矿物的固有性质，是指受到外力后沿特定结晶学方向裂开的性质（如裂开的方向和组数），比如金刚石常发育平行八面体晶面方向的四组解理。我们通常只凭借手指的力量就可以把黑云母从岩石中剥离出来，残余光滑平整的薄片。这就是黑云母完全解理的性质所致。在萤石、方解石、菱锰矿（如图20所示）等完全解理的矿物上，我们可以看到因解理发育裂成台阶状的光滑面。再如不完全解理的橄榄石、锆石等，其解理面大多不平整、不连续，表现为类似油脂光泽的断口（无规则的破裂面）。矿物加工者常利用矿物的解理性质，将矿物沿解理面分割更省时省力，避免沿解理面抛光，以表现更好的抛光效果。

矿物也有传导热量的性质。从微观上看，大量的分子、原子、离子或自由电子撞击，将能量从高温区传到低温区。利用不同矿物的导热性差异，我们可以轻松区分部分矿物。设尖晶石导热率为 1，金刚石的导热率为 57~170，自然金的导热率在 31 左右，其他非金属宝石与尖晶石相近或更低。这也是我们在商场中看到店员使用热导仪就能快速区分钻石和仿钻的原因。

图 20　菱锰矿 [1]

（产地：美国科罗拉多）

[1]　美国甜屋（美国科罗拉多州的矿山）菱锰矿属于锰的碳酸盐矿物，常有铁、钙、锌等元素代替锰元素。莫氏硬度在 4 左右，有三组菱面体解理，表现为台阶状的解理面。

　　矿物在形态、颜色、光泽、透明度、荧光、硬度、解理、韧性、密度等物理性质，以及化学成分方面的不同会表现出各具差异的特性。这也是矿物学家、宝石学家能够仅凭肉眼就能大致辨别矿物的原因。以红色系矿物为例，尽管各种红色矿物都表现红，红的表现却不尽相同——红宝石（红刚玉）以玫瑰红、鸽血红为主，尖晶石为大红色，铁铝榴石是暗调的红色、橘红色，而红碧玺（电气石）主要是粉红色。尖晶石和石榴石均是等轴晶系，在形态上分别以八面体和菱形十二面体为主。红宝石属于三方晶系，表现为带有柱面横纹的桶柱状的六方柱和六方双锥。碧玺同样属于三方晶系，但其形态与红宝石不完全相同，表现为一头平、一头尖的六方柱、三方柱或是三方单锥，柱面表现为纵纹……在不用任何仪器的前提下，我们已能通过简单的形貌观察对矿物作出初步结论。要想获得更详细的信息，还需要折射率仪、分光镜、紫外灯等常规仪器，以及拉曼光谱（用来测试矿物的分子成分、分子结构）、电子探针（用来测试矿物表面形貌特征、结构特征和化学成分）、X射线荧光仪（测试矿物化学成分）等大型仪器等对矿物做更精确的鉴定。

详知篇

38种神奇矿物缤纷图解

Chapter 1

金刚石

想必大家对这句"千磨万击还坚劲，任尔东西南北风"很熟悉，这是形容竹子顽强傲立、坚定不移的品质。在矿物领域，最坚硬的矿物莫过于金刚石（如图21所示）。硬度大的隐含意义在于，他一定经历了自然界反复地锤打和磨炼。这一点从他的生长环境可见一斑。最初，在距离地面150—200千米深的地幔，伴随着常年上千度的高温和每平方厘米高达75吨的压力（相当于25头成年亚洲象站在指甲盖那么大的地方所施加的压力），金刚石孕育而生。显然，这一深度我们人类无法抵达（时至今日，人类的超深钻连33千米深的地壳还没打穿呢，更不要说地幔了），自然也没法知道有金刚石这一矿物。金刚石也是"有耐心"的矿物，在某次岩浆通道途经金刚石母岩①时，金刚石便会借此机会随着上涌的岩浆来到地壳浅层和地表。同时，金刚石为了能在这种超高温高压的恶劣环境下生存，它形成极为稳定的八面体、菱形十二面体和立方体及其聚形，在微观上，组成金刚石的碳原子以正四面体形状紧密团结在一起，共同对抗超高温高压带来的困难，可谓"宝剑锋从磨砺出，梅花香自苦寒来"。

---

① 金刚石母岩是指金刚石最初被孕育的地方，一般为金伯利岩和钾镁煌斑岩，以前者居多。

图 21　金刚石

矿 物 名 称：金刚石

类别与矿物族：自然元素类，金刚石族

晶　　　　系：等轴晶系

化 学 成 分：C，含有 N、B、H、Si、Ca、Mg、Cr 等元素

结 晶 习 性：晶体呈八面体、菱形十二面体和立方体及其聚形，受溶蚀作用影响，晶面棱线弯曲，表面蚀象，表现为倒三角凹坑（八面体）、四边形凹坑（立方体）或圆盘状花纹（菱形十二面体）

颜　　　　色：无色—浅黄色、浅褐色、浅灰色；黄色、褐色、蓝色、绿色、红色等彩色

透　明　度：透明为主，受包体影响，可能呈半透明—不透明

光　　　泽：金刚光泽

折　射　率：2.417

莫 氏 硬 度：10，不同方向硬度有差异（各向异性）

解 理 与 断 口：四组完全解理

密　　　　度：3.52g/cm³

其 他 特 性：导热性超过金属，是导热性最高的天然物质；具有可燃性；具有亲油疏水性；色散强（0.044）

围绕金刚石的另一句话，大家也耳熟能详——"钻石恒久远，一颗永流传"。这是戴比尔斯公司为推广钻石而想出的绝妙广告词，句中的钻石是金刚石更为人熟知的名字。实际上，金刚石绝不只是用作装饰这么简单。许多净度（即钻石纯净、内外完美无瑕的程度）不高、充满包体的金刚石，在珠宝工匠和设计师眼中可能是一块废料，但在地质学家眼里，它却是一个可用于研究关于地球内部所发生情况的独特情报来源。在钻石坚硬外壳的保护下，被困在钻石中的包体可以完好无损地到达地球表面而不发生任何变化。这些来自地幔的信息可以帮助地质学家研究地幔深处的温压条件，以及金刚石在移动路径中发生的各种有趣故事。

金刚石坚硬，化学性质也稳定，耐酸耐碱，难道没有一点缺憾么？俗话说，人无完人。大家似乎忘记了法国著名化学家安托万－洛朗·拉瓦锡（Antoine-Laurent de Lavoisier）在两个半世纪前发现钻石燃烧的惊喜。一个封闭的罐子和一个放大镜的共同作用下"杀死"了一块坚不可摧的金刚石！金刚石就像一块普通的燃烧殆尽的煤一般，化为二氧化碳消散了。毕竟，它的化学成分只是碳原子罢了。

金刚石与石墨的微观结构对比如图 22 所示，图 22 a）为金刚石的正四面体结构。图 22 b）为石墨的六边形层状结构。石墨中的碳原子排列成一片片平面的六角形结构，片与片的结合力（分子间作用力）微弱，很容易因受力而沿片间碎裂成薄片。

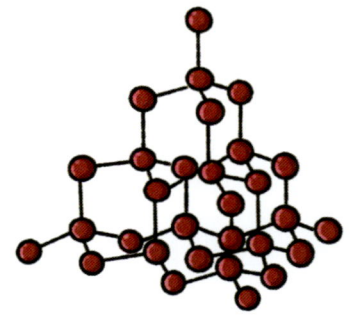 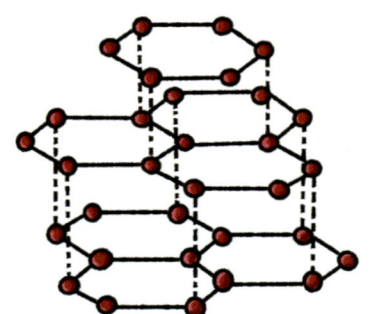

a）金刚石的正四面体结构　　　　b）石墨的六边形层状结构

图 22　金刚石与石墨的微观结构对比

性质稳定、质地坚硬的金刚石，成为少数能在大陆更迭、山摇地转之后幸存的矿物。近年，加拿大科学家对来自巴西和西非矿山的超深层金刚石内部微小包体测年，发现这些金刚石形成于距今 4.5—6.5 亿年前。它们的元素和同位素 ① 信息记录了古老大陆冈瓦纳在形成和稳定时期，俯冲到深部地幔的洋壳释放的碳酸盐熔体或流体结晶后固着在古大陆岩石圈根部的过程。显而易见，储于地球深部的金刚石记录了上亿年前的沧海桑田。未来，随着科学技术的不断发展，我们会揭开金刚石背后更多的秘密。

---

① 指质子数相同而中子数不同的同一元素的不同原子互为同位素。稳定同位素不具有放射性，多用来示踪（指用来显示或追踪某种物质的运行和变化过程）有机体对元素的吸收效率、物质来源和特征，多用于农业、环境、气候和生物领域；放射性同位素是元素的不稳定形式，可以发出不同程度的辐射，常用来确定年代（如考古常用的 ^{14}C 定年）、疾病诊断和治疗、安全监控、辐射加工和育种等。

Chapter 2

菱锰矿

在阅读本章之前，不妨先放下手中的书，低头看看随处可见的大理石地板。不错，菱锰矿和大理石地板同属方解石族，化学成分类似，都是碳酸盐矿物，轻滴少许稀盐酸，可以观察到很明显的气泡，用小刀轻划即有划痕。那你一定会问，为什么大理石地板不能像菱锰矿（如图 23 所示）一样拥有草莓奶昔或女孩小粉裙的浪漫粉色呢？原因在于，菱锰矿中含有二价锰离子。二价锰离子吸收蓝紫光，在可见光区域很容易发生跃迁，显示粉红色。菱锰矿中不同的二价锰离子含量创造出深浅不一的玫瑰色。若是菱锰矿中二价钙离子含量增加，粉红色就会相应地变淡。当有二价铁离子代替二价锰离子在晶格中的位置时，颜色就会向偏黄或偏褐色的方向发展。

有一种菱锰矿是透明的，呈现菱面体的外观，拿着放大镜仔细观察它，可以看到浅红色的菱形网格。这种透明成因的菱锰矿一般是晚期岩浆热液作用的结果，在某些岩浆脉空隙处可见，但产量稀少，菱锰矿知名的产地是美国甜屋。还有一种更为常见的菱锰矿、如同玉石一般呈现肾状构造、鲕状结构、块状集合体形态，透明度较低，也被称为红纹石，常和同家族的白云石共生在一起。这种菱锰矿大多是沉积成因，以阿根廷出产的为佳。阿根廷的菱锰矿外表完整光滑，切开后呈现一圈圈颜色鲜亮、红白相间的花纹，因此也被称为"印加玫瑰"。在中国，广西梧州、湖南郴州、福建云霄等地也有菱锰矿产出。

图 23　菱锰矿标本——"中国皇帝"

（产地：广西梧州，现藏于湖南省地质博物馆）

矿 物 名 称：菱锰矿

类别与矿物族：碳酸盐类，方解石族

晶　　　　系：三方晶系

化 学 成 分：$MnCO_3$，含有 Fe、Ca、Mg、Zn 等元素

结 晶 习 性：晶体呈菱面体、六方柱和平行双面，集合体呈结核状、鲕状、肾状

颜　　　　色：淡玫瑰红色—深红色或淡紫红色为主，可见粉色底色上的白色、灰色或褐色条带；致密
　　　　　　　块状者呈白色、黄色、灰白色、褐黄色

透 　明 　度：透明—半透明

光　　　　泽：玻璃光泽

折 　射 　率：1.597—1.817

莫 氏 硬 度：3—5

解 理 与 断 口：三组完全解理，不平坦或贝壳状断口

密　　　　度：3.45—3.7g/cm³

其 他 特 性：脆性；遇酸起泡；热液脉空隙中多见单晶和柱状集合体，沉积成因多呈隐晶质集合体

Chapter 3

自然金

观看电视剧时，会看到剧中人物在使用黄金进行交易时用牙咬有痕的方式判断是不是真金的剧情，这的确有一定的道理。黄金有着超凡的优点——它致密、质地较软、稳定、有延展性，可以拉伸而不断裂，能抵抗化学品的腐蚀和氧化并保持本色（光泽）。很少有其他金属同时具有上述的所有品质（日常生活中的黄金并不是纯的自然金，更多的是经过工业流程加入铜、锌等元素而形成的合金，如18K金就表示黄金的占比是18/24，即750‰）。正因为如此，它仍然是千百年来人类主要的首饰用金属和重要战略储备物资。"盛世古董，乱世黄金"说的正是这个道理。

黄金很可能是人类最早利用的金属之一。早在6000多年前的古埃及，即有"一份黄金与二分半白银相等"的描述。这说明在人类使用黄金时，便意识到不同材质金属之间的密度差异。在中国，黄金加工有3000多年的历史，三星堆出土的黄金面具和太阳神鸟闪耀着穿越岁月长河的光芒。除了装饰用，黄金在历史上更多地被用作货币，具有了金融属性和商品属性，成为跨越时空始终保有价值的一般等价物。

别看大家对黄金价格的追捧多么热烈，该被拉下神坛的时候一点都不手软。由于自然金（如图24所示）酷似狗头的外形，便被取了个非常接地气的名字——狗头金。当然，自然金也不只有狗头状（专业名词称为"团块状"），也存在不规则粒状、薄片状、树枝状等形态，只是这些形态在自然界中数量不多而已。那么，"狗头金"的形状是怎么生长出来的？一般来说，狗头金由含金的地质体（可能是某一地层、矿体或富集区）提供金的来源，经过自然界风吹雨淋的锤炼汇聚到某一区域，在不断的压实作用下逐渐壮大。另外，狗头金的形成可能与微生物和沉淀有关。金矿附近水域和土壤环境中生活着细菌，细菌常在生长早期和中期吸收可溶解金，将金聚集在其体内形成胶体状，又在生长后期将体内呈胶体状的络离子还原、

沉淀为自然金。一个微生物的作用是微弱的，但这一过程在成千上万个微生物的反复作用下形成的自然金体量自然是庞大的。自然金主要被发现于高、中温热液成因的含金石脉中，也有产于与火山热液作用有关的中、低温热液矿床中。早期的黄金矿床多以变质砾岩型金矿为主。进入 20 世纪 90 年代后，在美国、澳大利亚、加拿大、南非等地陆续发现一系列热液型特大黄金矿。在中国，胶东、小秦岭等地发现了储量丰富的金矿床，这也使中国金的年产量较多，蝉联"世界第一产金大国"的称号。

我们或许认为自己对自然金的了解够多，其实远远不够，大自然的奥妙还有待人们不断地探索。

⬡ 图 24　自然金

（产地：美国科罗拉多）

矿 物 名 称：	自然金
类别与矿物族：	单质类，自然铜族
晶　　　　系：	等轴晶系
化 学 成 分：	Au，含有 Fe、Ca、Mg、Zn 等元素
结 晶 习 性：	完好晶形少见，常见立方体、菱形十二面体、八面体、四六面体等单形，一般多呈不规则粒状或磨圆状；集合体呈团块状或薄片状、鳞片状、网状、树枝状、纤维状、海绵状
颜　　　　色：	金黄色
透 明 度：	不透明
光　　　　泽：	金属光泽
莫 氏 硬 度：	2.5—3.0
解 理 与 断 口：	无解理，锯齿状断口
密　　　　度：	19.32g/cm³
其 他 特 性：	导电性强、导热性强、具有延展性

Chapter 4

刚玉

　　不到巍峨大山的深部，你无法想象那里会有这么美艳的矿物产出。在缅甸，有这样一座小城——抹谷，孕育了远近闻名的刚玉矿床，其中，尤以鸽血红色的红宝石著名。这些坚硬（莫氏硬度仅次于金刚石）、瑰丽的刚玉的形成年代甚至可以追溯到五千多万年前喜马拉雅山脉形成和青藏高原隆升时期，印度板块和欧亚板块在碰撞中擦出火花，孕育了隆起的山脉，也繁育了大规模含宝石［如红宝石、蓝宝石（如图 25 所示）、尖晶石］的大理岩、石榴子石—夕线石片麻岩和钙硅酸盐岩。在这里，由于山谷的暖湿气流，这些含宝石的大理石被加速侵蚀，形成无数洞穴和地下暗河。也正因如此，人类在很早就涉足此处，开始开采矿物，以至于到现在矿物被开采得所剩无几，便是后话了。

　　缅甸抹谷的红宝石矿床是岩浆侵入含氧化铝较高的石灰岩地区形成的，地质学家给这一过程起了非常形象的名字——接触交代。在两种不同物质接触交代的过程中，周围的石灰岩重新结晶变质形成大理岩，而原来石灰岩中的氧化铝成分受到侵入的岩浆影响，汇聚在一起结晶形成刚玉晶体。由于不同矿物的结晶温度不同，我们也常能在缅甸抹谷出产的红宝石中发现丰富的针状金红石、菱面体状的方解石和白云石、板柱状的榍石、边缘有明显熔蚀效果的浑圆状磷灰石等。蓝宝石也有类似接触交代产出的情况，但更多的蓝宝石来自火山活动的产物——玄武岩中（如中国山东昌乐出产的蓝宝石便是产自碱性玄武岩）。

图 25　蓝宝石

　　刚玉的化学成分是氧化铝，本身是无色的，但当其晶格中的铝离子被各种致色离子替代时，矿物便产生了颜色。对红宝石（如图26所示）来说，铬离子占据了铝离子的位置，在光线穿过红宝石时，铬离子有选择性地只吸收蓝紫光和黄绿光，其他颜色则侥幸逃离，组合形成我们所看到的红宝石的颜色。然而，蓝宝石有着调色板一般丰富的颜色，涵盖了蓝色、黄色、绿色、紫色、黑色、粉色、灰色、无色等各种除红色外的刚玉品种。不同颜色的蓝宝石同样因为所含微量元素的不同导致呈现出各种颜色。亚铁离子和钛离子的分工合作会让刚玉产生如同天鹅绒般的蓝色——著名的"矢车菊蓝"，而其他化学离子的加入又增添了新的颜色，最终，我们看到是这些致色离子组合形成的颜色。

图26　红宝石

矿 物 名 称：刚玉

类别与矿物族：氧化物类，刚玉族

晶　　　　系：三方晶系

化 学 成 分：Al_2O_3，含有 Fe、Cr、Mn、V、Ti 等元素

结 晶 习 性：晶形常见六方柱、六方双锥和菱面体，晶体表现为桶状、柱状或板状，存在聚片双晶和简单接触双晶。生长晶形与赋存环境相关，板状晶体多见富硅贫碱的接触变质岩中，柱状晶体多见碱性橄榄玄武岩；柱面横纹

颜　　　　色：丰富，可见光谱中的所有颜色

透 明 度：透明—不透明

光　　　　泽：亮玻璃—金刚光泽

折 射 率：1.762—1.770

莫 氏 硬 度：9

解理与断口：解理不发育，发育底面裂理

密　　　　度：3.95—4.10g/cm³

其 他 特 性：丰富的内部包体，不同产地组合特征不同；长波紫外线下，Cr 含量越高的刚玉呈鲜艳的红色，Fe 含量越高者荧光微弱

Chapter 5

石榴石

说到石榴石，脑海里会联想到一颗颗饱满的石榴籽紧密堆积在一起的红石榴。的确，早期人们更多见到的是红色的石榴石，加之它总以完好的菱形十二面体、四角三八面体晶形（如图27所示）问世，自然在起名时不免带些刻板印象。实际上，石榴石可不只有红色。

石榴石实际上是一大类岛状硅酸盐矿物的统称，主要包括铁铝榴石（褐红—粉红—橙红）、镁铝榴石（紫红—褐红—粉红—橙红）、锰铝榴石（如图28所示，黄—黄褐）、钙铝榴石（绿—黄绿—黄—乳白）、钙铁榴石（绿—黄—黑）和钙铬榴石（绿—蓝绿）。在微观的原子层面观察，不同三价阳离子（以铝离子，钛离子，铬离子，铁离子，钒离子为主）构成的八面体和二价阳离子（以镁离子，亚铁离子，钙离子，锰离子为主）的组合产生了石榴石不同的品种。举个例子，和芬达橙味汽水同色的芬达石便是锰离子和铝离子组合形成的锰铝榴石。

尽管家族庞大，石榴石族内部不同矿物之间还是各具特色的。例如，沙弗莱石和翠榴石同属于钙榴石，但前者因含有微量的铬和钒元素呈现青翠绿色，学名铬钒钙铝榴石，内部常被褐铁矿浸染。翠榴石为含有少量铬元素的钙铁榴石，翠绿色中带着一丝黄色，极其耀眼的色散火彩[①] 和放大镜下马尾丝状的石棉纤维是分辨它的特征。再如，以红色调为主的铁铝榴石在放大镜下常见各种定向排列的针状包体和完整晶形的磷灰石、钛铁矿和锆石晶体。在斯里兰卡地区产出的铁铝榴石内部常常见到因内部锆石晶体放射性元素对周围辐射产生的晕圈。

41

[①]　色散指复色光分解为单色光而形成光谱的现象。最常见的色散是利用三棱镜将太阳光分解为彩色光带。火彩是矿物切磨后色散作用的结果。

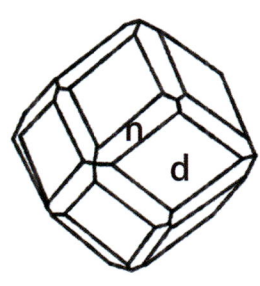

图27　石榴石聚形形态示意图

如果到岩浆岩或变质岩丛生的地方，便不难发现石榴石。你会在产出钻石的金伯利岩或来自地幔的玄武岩中看到更多的镁铝榴石聚集。你会在变质带中观察到星星点点的铁铝榴石、钙铝榴石和钙铁榴石等。在锰矿床的围岩或伟晶岩中，锰铝榴石也时常出现。可以说，石榴石在地壳中产出非常普遍，属于重要的造岩矿物之一。

 图 28　锰铝榴石

（产地：福建乌山）

矿 物 名 称：石榴石

类别与矿物族：硅酸盐类，石榴石族

晶　　　系：等轴晶系

化 学 成 分：$A_3B_2(SiO_4)_3$，A 包括 Mg^{2+}、Ca^{2+}、Mn^{2+}、Fe^{2+}，B 包括 Al^{3+}、Cr^{3+}、Ti^{3+}、Fe^{3+}、V^{3+}、Zr^{3+}

结 晶 习 性：通常发育较为完好的晶形，常见菱形十二面体、四角三八面体和六八面体和这些单形组合的聚形，往往发育成较大晶体；晶面条纹发育；也可呈细粒或粗粒，致密块状

颜　　　色：丰富，除蓝色以外

透 明 度：透明—半透明

光　　　泽：玻璃光泽

折 　 射 率：1.710—1.940（不同种类差别大）

莫 氏 硬 度：7—8

解理与断口：无，参差状断口

密　　　度：不同种类差别大，3.15—4.3g/cm³

其 他 特 性：特征吸收光谱，如钙铁榴石 Cr^{3+} 谱、铁铝榴石 Fe^{3+} 谱；丰富的包体，不同类别存在特征组合，如钙铁榴石内部有类似马尾状的石棉包体、水钙铝榴石常包裹黑色铬铁矿；钙铁榴石色散可至 0.057，表现出比钻石强烈的火彩

Chapter 6

绿柱石

想必大多数人听到"绿柱石"时会感到一头雾水，换个称呼——"祖母绿""海蓝宝石""摩根石"等，是不是就熟悉多了。没错，这些熟悉的矿物其实都是绿柱石，都属于绿柱石族，都是含有不同致色离子的铍铝硅酸盐矿物 $[Be_3Al_2(Si_2O_6)_3]$，是典型的互为类质同象[①]的矿物。无论呈现什么颜色，绿柱石都"矿"如其名，生长成完美的六方柱状晶体。沿着晶体的柱面，可以清晰地看到其生长过程中留下的斑斑纵纹。

祖母绿是绿柱石族里身价最高的宝石，占据"五大名贵宝石"一席（五大名贵宝石包括钻石、红宝石、蓝宝石、祖母绿和金绿宝石）。高价值注定受到人类更多的瞩目——研究发现，不同产地出产的祖母绿宝石内部特征各异，这与产地的围岩环境息息相关。最著名的哥伦比亚木佐（Muzo）祖母绿内部以锯齿状三相包体、晶形完好的黄铁矿、黄褐色氟碳钙铈矿为特征。这一产地的祖母绿矿脉穿插在白垩纪黑色页岩中的方解石脉中。俄罗斯乌拉尔山产出的祖母绿是花岗伟晶岩侵入变质超基性岩后的结果，放大可见细丝状、晶簇状或竹节状的阳起石包体，裂隙比较多。此外，俄罗斯祖母绿含铁较多，比哥伦比亚出产的祖母绿偏黄。与俄罗斯祖母绿的产出环境类似，印度、南非、巴西等地祖母绿也是如此，但在内部特征上，印度祖母绿有特征空洞或负晶、片状黑云母，南非祖母绿内部有典型的棕色云母片、弯曲的辉钼矿晶体等。除上述两种产出环境外，祖母绿也可以在伟晶岩晶洞中被找到，如美国北卡罗来纳州祖母绿矿，但这种矿床中产出的祖母绿晶体颜色淡且浑浊，开采价值不高。

43

---

① 类质同象是指结构相同、化学成分相似，其中某些离子存在差异的不同矿物。晶体生长过程中，在温度、离子浓度、pH值等外界条件恰当时，半径相近、离子类型接近的离子可以代替原位置的离子，代替前后的矿物互为类质同象。

海蓝宝石（如图 29 所示）因含有亚铁离子呈现大海的蓝色，颜色最好的被称为"圣玛利亚蓝"，一颗难求。海蓝宝石产于伟晶岩中，没有祖母绿那样明显的产地特征差异，内部有时可以见到有如春雨般断续的丝状矿物包体。巴西米纳斯吉拉斯，马达加斯加，以及中国新疆、云南等地盛产海蓝宝石。

图 29　海蓝宝石晶簇

（产地：纳米比亚）

绿柱石的其他品种还有因锰致色的摩根石和红色绿柱石，因铁致色的黄色绿柱石和绿色绿柱石（如图 30 所示的矿物便属于此类）等，大多产自伟晶岩矿脉中，如巴西米纳斯吉拉斯、马达加斯加、纳米比亚鱼河流域、美国加州圣地亚哥、坦桑尼亚等地。在中国，绿柱石产地集中在新疆、云南、内蒙古、海南和四川，尤以新疆、云南产出的海蓝宝石、黄色绿柱石猫眼、粉色绿柱石（摩根石）为佳。

图 30　祖母绿共生黄铁矿

（产地：哥伦比亚，现藏于中国西安俯仰景和博物馆）

矿 物 名 称：绿柱石

类别与矿物族：硅酸盐类，绿柱石族

晶　　　　系：六方晶系

化 学 成 分：$Be_3Al_2(Si_2O_6)_3$，含有 Fe、Cr、Mn、V、Ti 等元素

结 晶 习 性：晶形常见六方柱和六方双锥，晶体表现为柱状，绝大多数晶形完美；柱面纵纹

颜　　　　色：丰富

透 明 度：透明—不透明

光　　　　泽：玻璃光泽

折 射 率：1.577—1.583

莫 氏 硬 度：7.5—8

解 理 与 断 口：不完全解理，贝壳状—参差状断口

密　　　　度：2.67—2.90g/cm³

其 他 特 性：丰富的内部包体，不同产地或不同颜色的内部组合特征不同

Chapter 7

金绿宝石

有"红宝石""蓝宝石",那么有没有"绿宝石"呢?还真没有,但"金绿宝石"的确是实际存在的。金绿宝石是一种铍和铝的氧化物($BeAl_2O_4$),常见短柱状和板状形态。相较单晶体形态,其双晶——呈假六方三连晶(一种穿插双晶)则在一众矿物中卓尔不群,广受追捧。

作为金绿宝石中的吸金达人,"猫眼"和"变石"少不了独特的出圈点。先来说"猫眼","猫眼"内部含有朝某一方向定向排列的丝状或管状金红石包体,当切磨工匠对猫眼定向切磨后,用光照射猫眼,会出现一条明亮的光带,随着光源的移动,"猫眼"的条带也随之移动,这就是所谓的猫眼效应。当然,任何矿物只要含有朝某一方向定向排列的针管状包体,加上定向切磨,就可以形成猫眼效应,如石英、电气石(碧玺)、磷灰石、绿柱石(祖母绿、海蓝宝石等)等。只有金绿宝石所制成的才可以拥有"猫眼"这一称谓,其他矿物制成的都要以"矿物名+猫眼"命名。毕竟,第一个被人类发现的"猫眼"是由金绿宝石制作的。

"变石"是在不同光源下颜色不同的金绿宝石（如图31所示），有句俗语说它是"白昼里的祖母绿，黑暗中的红宝石"，最贴切不过。"变石"的这种特性与所含的杂质离子——铬离子密切相关，与受到入射光源波长的长短激发离子外层电子跃迁到不同层位相关，从而呈现或红（在白炽灯下）或绿（在日光下）的效果。变色效果最好的"变石"来自俄罗斯乌拉尔矿区，其次是斯里兰卡拉特纳普勒区和巴西米纳斯吉拉斯州。

图 31　金绿宝石

矿 物 名 称：金绿宝石

类别与矿物族：氧化物类，金绿宝石族

晶　　　　系：斜方晶系

化 学 成 分：$BeAl_2O_4$，含有 Fe、Cr、Ti 等元素

结 晶 习 性：晶体常见板状和柱状；常形成假六方三连晶（一种穿插双晶）；晶面平行条纹

颜　　　　色：黄—黄绿色、褐色

透 明 度：透明—不透明

光　　　　泽：玻璃—亚金刚光泽

折 射 率：1.746—1.755

莫 氏 硬 度：8—8.5

解 理 与 断 口：三组不完全解理，贝壳状断口

密　　　　度：$3.73g/cm^3$

其 他 特 性：三色性，黄—绿—褐色

Chapter 8

独居石

乍听到"独居石"的名字，难免联想到金庸武侠世界里的"独孤求败"，纵横江湖无人能敌，"无可奈何，惟隐居深谷"。独居石常常与磷灰石、重晶石、白云石、锆石、绿柱石等矿物共生，其实它并不"孤独"。再者，独居石并不是独自呈粒状、板状或柱状晶形产出，往往赋存在花岗岩、片麻岩等岩石中，作为副矿物等形式产出。

独居石学名"磷铈镧矿"（如图 32 所示），属于含稀土元素的磷酸盐矿物，有很强的放射性。根据含其他微量稀土元素的不同，存在不同类型的亚种，如铈—独居石 { 化学式为 $(Ce，La，Nd，Th)[PO_4]$ } 和镧—独居石 { 化学式为 $(La，Nd，Th)[PO_4]$ }。一方面，独居石所含有的铀、钍、铅同位素记录了矿物多期次生长的时间，因此它成为地质学家了解岩石形成历史的工具。另一方面，从化学成分不难推测，独居石所蕴含的镧、铈、钍、铀、钇等元素可以被用于军工、材料、医疗等领域，价值巨大，一点儿也不"孤独"，用途十分广泛。

⬡ 图32　独居石双晶

矿 物 名 称：独居石

类别与矿物族：磷酸盐类，独居石族

晶　　　　系：单斜晶系

化 学 成 分：（Ce，La，Nd，Th）（PO₄）

结 晶 习 性：常见板状、柱状或楔形，单形包括斜方柱和平行双面，集合体呈
粒状或块状；发育双晶

颜　　　　色：红褐色、褐色、浅黄色、粉色、灰色

透 明 度：半透明—不透明

光　　　　泽：金属—蜡状光泽

折 射 率：>1.78

莫 氏 硬 度：5—5.5

解理与断口：中等—不完全解理，可见裂理，贝壳状—不平坦状断口

密　　　　度：4.9—5.5g/cm³

其 他 特 性：脆性；富钍者具辐射性；紫外线下呈鲜绿色荧光

Chapter 9

萤石

萤石（如图 33 所示）因首次被人类发现其荧光和磷光的特性而得以命名。展开来说，萤石在紫外线、阴极射线等的照射下可以发出闪耀的光芒，部分萤石在激发光源移去后仍能保持一段时间的发光（此为磷光），在中国，它也被称为"夜明珠"。通常市场上见到的"夜明珠"多为绿色和紫色的，且一般绿色萤石的磷光能力要胜过紫色萤石的。

萤石的硬度并不大，其莫氏硬度仅为 4，是随便用小刀便能刻划出印记的程度。然而，这种矿物大多被发现在和热液有关的矿床中，或花岗伟晶岩的晶洞中，可以说它是"身体脆弱"（莫氏硬度低）、"内心强大"（保持完好晶形）的矿物。它"内心强大"的主要原因在于其呈立方体、八面体等的等轴晶系的晶形，有四组极其发育的解理沿晶面分布。换句话说，萤石在面对外力时，会沿着解理面碎裂（解理是矿物本身的性质）而不会破坏整体晶形，留下或平坦或略带条纹的印记。

以前，我们常说萤石除了红色有着各种各样的颜色。这一论断被 2006 年在法国阿尔卑斯山发现的玫瑰红色萤石打破了。"物以稀为贵"，这种玫瑰红色萤石奇货可居，身价不菲，在我国内蒙古赤峰市也有高质量的玫瑰红色萤石产出。萤石按照其本身的化学成分氟化钙应当呈现无色，然而，稀土元素钇、铈等的介入使萤石常常产生结构空位，由此产生色心。萤石在成矿过程中经历的温度也给颜色带来一定的不确定性——温度越高，蓝紫色调越明显。因此，在晶格缺陷、包体、混入物和成矿温度等多方面影响下，萤石颜色丰富，甚至在同一块萤石上，不同颜色和谐地组合在一起，仿佛是出于艺术大师之手的写意画，颇具意境。

图 33　萤石

（产地：福建泉州，现藏于中国西安俯仰景和博物馆）

矿 物 名 称：萤石

类别与矿物族：氟化物类，萤石族

晶　　　　系：等轴晶系

化 学 成 分：CaF_2

结 晶 习 性：立方体、八面体、菱形十二面体及其聚形；集合体常见簇状、粒状、块状

颜　　　　色：丰富，常有多种颜色集中在一块矿物

透　明　度：透明—半透明

光　　　泽：玻璃光泽

折　射　率：1.434

莫 氏 硬 度：4

解理与断口：四组完全解理

密　　　度：3.18 g/cm³

其 他 特 性：紫外线下有紫色—紫红色荧光；常见色带

Chapter 10

自然银

　　当第一次看到自然银（如图 34 所示）时，不由得联想到儿时新年庙会上手工艺人制作的糖画，只不过，这种"糖画"是银白色的，或许还带点灰黑色（自然银表面氧化后会呈现出灰黑色的锈色）。它延展性极好，自然银在生长中往往向一个方向不断延伸，发生扭转或挠曲，或是不规则的长丝，或是七扭八歪的树枝状，因此有了"老翁须""龙芽"的别号。这些形态都是自然银的集合体状态，也是自然银大多数情况下的形态，但却有少数的自然银作为单晶出现，呈立方体或八面体的罕见造型。

　　自然银是银在自然界中以单质形式产出的矿物，主要来自中低温的热液矿床，由含银的硫化物分解形成，在挪威、墨西哥、德国、美国、加拿大、摩洛哥等地都有产出，在中国，山西灵丘的丝状自然银也是颇有名气。此外，中国的辽宁复县金伯利岩区 50 号岩管和山东蒙阴金伯利岩区"胜利 1 号"岩管产出的金刚石中，也有自然银包体的产出。然而，自然银这种单质矿物并不纯粹，总有少量的金、铜、铂等混在其中。

　　尽管产出地区不少，块状自然银相对人们的需求来说还是产出稀少。一方面，银元素在地壳中的含量仅占据亿分之七。另一方面，更多的银元素并不是以自然银的单质形态存在，而是赋存在各种硫化物中，如辉银矿、硫铜银矿、锑银矿、脆银矿等。因此，自然银并不是我们生活中所见到银的主要来源，常用的银主要是通过多金属矿综合回收的方式，从辉银矿等含银矿物中提炼而来的。

因为极佳的导电性、导热性和延展性，银常被用于货币、贵重首饰、银镜、电路元件等的制作。比如最熟悉的"925银"就是含有92.5%的银和7.5%的其他金属的合金，这样的比例配置更好地兼具了其他金属的硬度和银的外观。传统的"泰银"与"925银"接近，以硫化钾溶液熏蒸表现黑色质感；"藏银"（30%）、"苗银"（20%—60%）的含银量则相对较低。

◈ 图34　自然银

（产地：山西灵丘，现藏于中国山西省地质博物馆）

矿 物 名 称：自然银

类别与矿物族：自然元素类，自然铜族

晶　　　　系：等轴晶系

化 学 成 分：Ag

结 晶 习 性：单晶呈立方体和八面体或两者的聚形，极少见。集合体呈树枝状、不规则薄片状、粒状和块状

颜　　　　色：银白色

透　明　度：不透明

光　　　　泽：金属光泽

莫 氏 硬 度：2.5

解 理 与 断 口：无解理，锯齿状断口

密　　　　度：10.5g/cm³

其 他 特 性：延展性好；导电性好；导热性好；易与空气中的硫反应，体色变灰—黑；高反射率

Chapter 11

长石

（月光石、日光石、天河石、拉长石）

作为重要的造岩矿物，长石族矿物约占据了地壳重量的50%，在各种成因的岩石中都不可或缺。我们看到月球上明亮的部分——斜长岩，就是由超过90%的斜长石组成的。从化学成分上，长石族是钠、钙、钾、钡的铝硅酸盐矿物，一般我们将这一族矿物分为钾长石亚族、斜长石亚族和钡长石亚族。市面上常见的月光石、冰长石和天河石属于钾长石亚族，而日光石、拉长石则属于斜长石亚族。

长石族矿物最令人称道的莫过于各种特殊的光学效应。

钠奥长石内部含有大量定向排列的片状赤铁矿和针铁矿，不断反射红色或金色的反光，仿佛砂金一般，这种现象被称为"砂金效应"。加之钠奥长石金红色的体色，"日光石"的别名便应运而生。

一些拉长石由于内部近平行板状的细页片状双晶与出溶结构面对入射光产生干涉，在转动过程中同一部位的颜色和光彩都发生变化，产生红、蓝、绿混合的晕彩，即"晕彩效应"。当晕彩颜色丰富且鲜艳时，拉长石便会被称为"光谱石"。

月光石自然是和"月光效应"有关。随着宝石转动，在某一角度，可以见到一般为白色到蓝色的发光效应，似朦胧月光。这种特殊的光学效应自然与其内部结构相关——月光石是正长石和钠长石呈层状交互的产物，两种矿物折射率细微的差别导致光线进入月光石后发生散射，结合解理面对光的干涉和衍射，一层漂浮的如同月光一般的蓝色光晕便出现了。

天河石（如图35、36所示）常发育斜长石的聚片双晶或穿插双晶，以带绿色调的蓝色、网格状色斑和解理面闪光为特点。在某些地方，偏翠绿色的天河石还被用于制作翡翠的仿品。在区分天河石制作的翡翠仿品与真正的翡翠时，可以利用天河石存在双晶结构，而翡翠是多矿物的集合体、有橘皮效应（橘皮效应是指翡翠纤维交织结构下　在光反射下表面呈现的如同橘子皮一样有着坑坑洼洼的纹路）、网格状色斑来对二者进行区分。

◈ **图35　天河石共生烟晶**

（产地：美国科罗拉多）

图 36　天河石共生烟晶

矿 物 名 称：长石

类别与矿物族：硅酸盐类，长石族

晶　　　　系：单斜（仅正长石和透长石）/ 三斜晶系（钠长石、钙长石等）

化 学 成 分：$XAlSi_3O_8$，X 表示 Na、Ca、K、Ba 等

结 晶 习 性：板状、短柱状；斜长石发育聚片双晶，钾长石发育卡式双晶和格子双晶

颜　　　　色：无色—浅黄色—褐色，肉红色，绿色—蓝绿色

透 明 度：透明—不透明

光　　　　泽：玻璃光泽

折 射 率：1.518—1.588，不同品种存在差别

莫 氏 硬 度：6—6.5

解理与断口：两组完全解理，不平坦状或阶梯状断口

密　　　　度：2.55—2.75g/cm³

其 他 特 性：特殊光学效应

Chapter 12

自然铜

在漫漫历史长河中，"青铜时代"可谓人类发展的不朽篇章。从爱琴海基克拉泽斯群岛利用铜和锡制成货币、吹响地中海贸易的号角，到中国登记在册的 140 多万件（组）（截至2016 年 10 月，第一次全国可移动文物普查成果《第一次全国可移动文物普查数据公报》）青铜器，无一不说明铜在人类历史中的重要地位。

作为一直被人类利用的纯金属之一，自然铜（如图 37 所示）远远超过了自然金和自然银的使用量。一方面，这或许是自然铜在地壳中更丰富的含量所致，其矿床在各种低温、低氧低硫、弱碱性环境下都有形成，如与地幔柱相关的大陆内部大火成岩省、硫化物矿床的氧化带或大洋型地壳中，一块大的自然铜可以重达数吨。另一方面，自然铜相较自然金和自然银来说更易获得——自然铜常常与孔雀石、赤铜矿、蓝铜矿等有鲜艳颜色的矿物共生，也大大增加了自然铜的曝光度。由于其易氧化的特性，自然铜通常不能稳定呆在地表（仅有在还原环境下，单质铜才能稳定存在），它会变为铜的氧化物和碳酸盐，如赤铜矿、孔雀石、蓝铜矿等矿物。在野外，如果见到铜的氧化物，向深处探索，或许有自然铜出现。

作为铜元素在自然界天然生成的集合体，自然铜或呈片状、板状、块状、丝状等，形态各异。氧化后，自然铜通常会由红色变为棕黑色或绿色，如果对氧化后的铜进行焰色反应的试验，将有绿色的火焰产生。此外，若用自然铜轻划石板，石板上通常会呈现铜红色的条痕。这也是自然铜区别于其他金属矿物的重要特性。

图 37　自然铜

（产地：四川会理）

矿 物 名 称：自然铜

类别与矿物族：自然元素类，自然铜族

晶　　　　系：等轴晶系

化 学 成 分：Cu

结 晶 习 性：单晶呈立方体，八面体，菱形十二面体，少见。集合体呈树枝状、片状或致密块状集
　　　　　　　合体

颜　　　　色：铜红色

透 明 度：不透明

光　　　　泽：金属光泽

莫 氏 硬 度：2.5—3

解 理 与 断 口：无解理

密　　　　度：8.4—8.95g/cm³

其 他 特 性：延展性好；导电性好；导热性好；表面易被空气氧化，带有棕黑色、锈色

Chapter 13

黑柱石

正如其名，黑柱石是一种黑褐色、黑绿色的柱状矿物，柱面有清晰的纵纹。与其他硅酸盐矿物不同，黑柱石在地壳中含量相当少，多出现在与接触交代变质作用相关的金属矿床（以铁矿床为主）中，主要和钙铁榴石、钙铁辉石、磁铁矿和铁铜的硫化物共生（如图38所示）。在地表的黑柱石会因风化作用转化为褐铁矿。黑柱石有很强的多色性，表现为互相垂直的三个方向，可以出现深绿色—黄褐色—深褐色的变化。黑柱石在意大利、俄罗斯等均有产出，中国的主要产地有青海双庆矿区、福建马坑矿区、浙江龙珠山矿区、新疆准噶尔矿区和内蒙古黄岗梁矿区。

人们对黑柱石的了解和命名充满了戏剧性的曲折。1784年，法国地质学家德奥达·德·多洛米厄（Déodat de Dolomieu）在前往意大利厄尔巴岛的航程中首次发现了这种矿物。根据蒂埃博·德·伯尼奥德（Thiébaut de Berneaud，1808）的说法，它是在卡拉米塔湾发现的。由于多洛米厄收集的矿物没有显示出明显的柱状晶体形式，黑柱石最初被当成黑色尖晶石。同一时期，法国矿物学家罗美德利尔（Romé de LIsle）也收藏了原产于意大利里奥马里纳地区的这种矿物晶体，将其称为Mine de fer noirâtre attable à l'aimant（一种被磁铁吸引的铁矿）。同一时期，还有多位矿物学家也在类似的地点采集到这种矿物，直到1807年才由法国矿物学家克劳德·雨格·勒利埃弗尔（Claude Hugues Lelièvre）首次发表、描述和命名。这位矿物学家为纪念1806年10月14日，由法国的拿破仑一世和音鲁士的腓特烈·威廉三世在耶拿（今天的德国）展开的战役，将黑柱石取名为"yenite"，因这一名字充满战争色彩，被众人批评，黑柱石更名为"Ilvaite"（即最初发现地——意大利厄尔巴岛的拉丁名）。

图38　黑柱石共生砷黄铁矿
（产地：内蒙古）

有人会有疑问，为什么总有矿物的中文名叫"某柱石"呢？原因很简单，看形状。无论是黑柱石、绿柱石、方柱石、红柱石，它们的生长形态一定是有特征的柱状（如图39所示）。人们早期在命名矿物时也多采用这种直观的感受来为其命名。同理，如辉石、辉钼矿、辉锑矿的名字中都有辉字，是因为这些矿物看起来都很闪耀，有强金属光泽。

图 39　黑柱石共生绿水晶

矿 物 名 称：黑柱石
类别与矿物族：硅酸盐类，黑柱石族
晶　　　　系：斜方晶系
化 学 成 分：$CaFe_2^{2+}Fe^{3+}[Si_2O_7]O(OH)$
结 晶 习 性：柱状晶体，柱面纵纹；集合体呈粒状或块状
颜　　　　色：黑色
透　明　度：不透明
光　　　　泽：油脂—半金属光泽
折　射　率：1.727—1.883
莫 氏 硬 度：5.5—6.0
解 理 与 断 口：中等解理
密　　　　度：3.8—4.1g/cm³
其 他 特 性：遇盐酸溶解

Chapter 14

尖晶石

　　在历史上，尖晶石可是出了名的"冤大头"，总被误认为"红宝石"。比如在1660年被英国王室用于制作王冠的"黑王子红宝石"（Black Prince's Ruby）在过去一直被认为是红宝石，直到近代鉴定手段的进步才发现，王冠上这颗重达170克拉的"红宝石"竟然是尖晶石。同理还有俄罗斯女王叶卡捷琳娜二世加冕时所佩戴的重达398.72克拉的尖晶石。再如，中国清朝时期一品官员官帽上的顶珠为红宝石，在世可考的文物中，大多数高品阶朝珠均为红色尖晶石。红宝石和红色尖晶石直到测试技术发展到18世纪后才被真正分辨开来，红色尖晶石（如图40所示）在历史中可是受了不少"委屈"。

　　由此可见，红色尖晶石和红宝石似乎是傻傻分不清的状态，其实不然。尽管尖晶石在颜色、硬度、产出矿区等方面与红宝石有着相似的特征，但在其他方面，二者还是有很多容易辨别的区分点。在晶型上，尖晶石属于等轴晶系，常常表现为八面体或菱形十二面体的形态，而红宝石则表现为三方晶系相关的六方柱、六方双锥等，放大观察尖晶石的内部，可观察到洁净或者呈串珠状或指纹状排列的八面体负晶，而红宝石内部包体相对更加丰富，常见的如定向排列的金红石针、各种矿物包体、气液两相包体等。红宝石特有的柱面横纹、裂理也能很好地与尖晶石区分。

　　同红蓝宝石致色的机理类似，不含杂质的尖晶石原本呈无色（化学成分为铝酸镁），在不同致色元素的作用下，尖晶石得以呈现各种只有想不到没有看不到的颜色。价值比较高的有色尖晶石来自坦桑尼亚马亨盖（带有霓虹观感的粉色尖晶石）、斯里兰卡等地产出的钴蓝尖晶石，以及缅甸产出的"绝地武士"（具有霓虹色调的尖晶石）。

图 40　红色尖晶石

矿 物 名 称：尖晶石

类别与矿物族：氧化物类，尖晶石族

晶　　　　系：等轴晶系

化 学 成 分：$MgAl_2O_4$，含有 Al、Cr、Fe、Mn 等元素

结 晶 习 性：常呈八面体，有时与菱形十二面体、立方体组成聚形；双晶以接触双晶多见，有时可见六连晶

颜　　　　色：丰富

透 明 度：透明—微透明

光　　　　泽：玻璃—亚金刚光泽

折 射 率：1.718

莫 氏 硬 度：8

解 理 与 断 口：贝壳状断口

密　　　　度：3.57—3.7g/cm³

Chapter 15

黄铁矿

　　继尖晶石顶着"红宝石"之名在各国（地区）之间交流往来，黄铁矿（如图41所示）也因为浅黄铜色的外表、沉甸甸的重量（密度大）和明亮的金属光泽，加之其在沉积岩、变质岩和岩浆岩中均能产出、分布广泛，成为黄金界的"李鬼"，俗称"愚人金"。在熟悉黄金和黄铁矿的人看来，二者之间还是有区别的。一方面，同等体积下黄金的重量远大于黄铁矿，即黄金的密度（19.32g/cm^3）约是黄铁矿密度（4.9g/cm^3—5.27g/cm^3）的四倍。另一方面，在未上釉的白色瓷板上刻划，黄铁矿显示黑绿色痕迹（专业名词为条痕），而黄金的条痕则为金黄色。此外，黄金良好的延展性和指甲都能刻划出痕迹的硬度，也能帮助我们很好地区分黄金和黄铁矿。黄铁矿一般以立方体、八面体、五角十二面体或者各种聚形出现，是比较规则的几何图形（如图42所示），而自然金的形状则更为"妖娆"，如树枝状、团块状、薄片状等。要是真碰到有规则几何形态的自然金，那恐怕是暑天下大雪——十分少见了。

图 41　黄铁矿

（产地：湖南上堡）

矿 物 名 称：黄铁矿

类别与矿物族：硫化物类，黄铁矿族

晶　　　　系：等轴晶系

化 学 成 分：FeS_2

结 晶 习 性：常呈立方体和五角十二面体，较少为八面体；晶面可见三组互相垂直的条纹；发育穿插双晶；
　　　　　　　集合体呈粒状、致密块状、球状、浸染状等

颜　　　　色：浅黄铜色

透 明 度：不透明

光　　　　泽：强金属光泽

折 射 率：> 1.81

莫 氏 硬 度：6—6.5

解理与断口：极不完全解理，贝壳状—不平坦状断口

密　　　　度：4.8—5.2g/cm³

其 他 特 性：脆性；热电性

在黄铁矿的工业价值方面，众所周知，黄铁矿名字里含"铁"，化学成分为二硫化铁（FeS_2），但其并不是炼铁的主要材料。黄铁矿重要的化工用途主要是通过煅烧产生二氧化硫以制备硫酸和硫磺，用于制作炸药、纺织材料、塑料、化肥。追溯到人类发展早期，黄铁矿还发挥了重要的火种作用。黄铁矿的自燃特性使人们能通过燧石撞击黄铁矿的方式激发火星引燃可燃物，从而获得了更多生的希望。

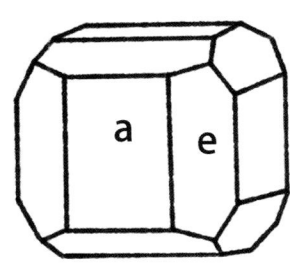

a）由立方体（a）和五角十二面体（e）组成

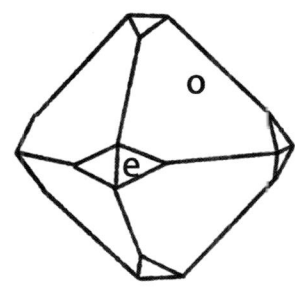

b）由五角十二面体（e）和八面体（o）单形组成

图 42　黄铁矿常见的聚形形态示意图

Chapter 16

青金石

很难形容第一眼看到青金石（如图 43 所示）的感受——在阿富汗、伊朗或者俄罗斯贝加尔地区，不规则的团块状白色方解石分散在层峦的、蓝湛湛的接触交代矽卡岩矿床中，零星地闪烁着一些铜黄色黄铁矿的光芒，仿佛是文森特·梵高笔下的《星月夜》，深蓝色天空的重彩之上，月亮散发着明亮的光，形成一种视觉上的冲击和对比。短促的笔调勾勒出耐人寻味的调色。这种颜色特性也被诸多画家发掘，米开朗琪罗在西斯廷教堂绘制的天顶壁画《创世纪》、约翰内斯·维米尔的成名作《戴珍珠耳环的少女》、乔托·迪·邦多纳的帕多瓦 14 世纪壁画群等，都有由青金石提炼的群青色的身影。青金颜料也备受旧时统治者的喜爱，远至几千年前埃及法老、巴比伦国王对青金颜料如同黄金般的重视，近至中国清朝时期，据《清会典图考》记载，"皇帝朝珠杂饰，唯天坛用青金石……皇帝朝带其饰天坛用青金石……"

纯净的青金石是一种碱性铝硅酸盐矿物，由钠、铝、氧和硫等元素组成，属于等轴晶系矿物，单晶呈菱形十二面体。一般我们所见到的都是青金石、方解石、黄铁矿等组成的块状集合体，称为"岩石"似乎更加贴切。青金石常以显微粒状聚集，伴随黄色黄铁矿斑点和白色方解石团块，透明度不高，呈现近玻璃—蜡状光泽。利用长波紫外线照射这种集合体，其内部白色的方解石将发出粉红色的荧光，若是在短波紫外线下，集合体呈现微弱的绿色—黄绿色荧光。利用上述几点可以分辨较为典型的青金石标本。

图 43　青金石

矿 物 名 称：青金石

类别与矿物族：硅酸盐类，方钠石族

晶　　　　系：等轴晶系

化 学 成 分：$(Na, Ca)_8 [AlSiO_4]_6 [SO_4, S, Cl, (OH)]_2$

结 晶 习 性：晶体少见，可呈菱形十二面体或立方体；通常
　　　　　　　为粒状、浸染状或致密块状集合体

颜　　　　色：深蓝色—蓝紫色

透　明　度：半透明—不透明

光　　　泽：玻璃—蜡状光泽

折　射　率：1.50

莫 氏 硬 度：5—6

解理与断口：不完全解理，不平坦状断口

密　　　　度：2.50—3.00g/cm³

其 他 特 性：单晶少见，常见与方解石、黄铁矿组成的矿物
　　　　　　　集合体

Chapter 17

石英

有一首老歌唱道，"我和你的爱情好像美丽水晶，干净又透明"（摘自歌曲《水晶》），水晶最直观的特征就是透明。水晶是单晶石英的别称，而玛瑙、玉髓、硅化木、东陵石、虎睛石等一众石英质名称都属于石英的集合体形态，在此便不赘述。

水晶拥有除蓝色、红色外的各种颜色。其化学成分二氧化硅（SiO_2）决定了水晶在不含任何杂质时的颜色为无色，这从它的希腊名"Krystallos"（洁白的冰）便可知晓。换句话说，水晶的颜色都是所含微量元素经过辐照或机械混入物引起的颜色。譬如，水晶在含微量铁离子和锰离子时呈紫色，含微量亚铁离子和结构水时呈黄色（如图44），含微量铁离子时呈绿色（如图45所示），含微量锰离子和钛离子时呈粉色等。当然，不同颜色的矿物包体也给水晶带来了斑斓的色彩（如图46所示），在市场交易中也因此产生了许多形象的名称——如"绿幽灵"水晶是以绿泥石为主的绿色矿物、"红兔毛"水晶内部可能是以纤铁矿和赤铁矿为主的红色矿物，等等。

我们通常见到的水晶大多个头巨大、仿佛擎天柱一般争先恐后地生长在晶洞或晶簇上。这种晶洞（簇）一般来自由火山喷发而形成的巨厚熔岩流层的岩浆岩空隙中，而这种生长环境及形态或多或少和水晶的形成条件有关。水晶的生长需要两到三倍的大气压和上千摄氏度的温度，在足够且稳定的生长空间下，借助富含硅质矿物的热液缓慢形成。因此，火山喷发时因熔岩冷凝释放了大量气体，或留下的大量熔岩空隙成了水晶最好的诞生之所。当富含硅质矿物的流体进入熔岩孔隙，在合适的温压条件下，流体便会按照结晶习性结晶沉淀，形成水晶等矿物。一旦矿液中的反应物消耗殆尽或者外界环境发生了变化，无法继续按照结晶习性继续生长，此时晶体生长终止。

图 44　镜铁矿共生黄水晶

（产地：广东）

图 45　绿水晶

（产地：内蒙古）

⬡ **图 46 水晶共生碧玺**

（现藏于中国地质博物馆）

矿 物 名 称：石英

类别与矿物族：氧化物类，石英族

晶　　　系：三方晶系

化 学 成 分：SiO_2，含有 Fe、Al 等元素

结 晶 习 性：晶形常见六方柱、菱面体、三方双锥，晶体常见柱状，偶成假六方双锥；柱面发育横纹，可见三角形蚀象；存在日本双晶、道芬双晶和巴西双晶等

颜　　　色：无色、紫色、黄色、粉色、绿色、褐色—黑色

透 明 度：透明—半透明

光　　　泽：玻璃光泽

折 射 率：1.544—1.553

莫 氏 硬 度：7

解 理 与 断 口：无解理，贝壳状断口

密　　　度：2.66g/cm³

其 他 特 性：压电性；没有典型光谱和荧光；折射率非常稳定；受热易碎

注：隐晶质石英（玉髓、玛瑙、水胆玛瑙、雨花石、天珠）；
　　显晶质石英（东陵石、佘太翠、贵翠、京白玉、密玉）。

Chapter 18

方解石

制作水泥的原料竟和皇家园林用的汉白玉同属一种矿物？没错，这种矿物就是日常生活中随手可见的方解石（如图47所示）。方解石的隐晶质集合体是石灰岩的主要成分，常被用于烧制石灰、制造水泥和冶金熔剂。方解石的显晶质集合体是大理岩的主要成分，在建筑装饰中应用广泛，汉白玉、阿富汗白玉是其美称。此外，能记录过去每年气候温湿信息的石笋也是暗色方解石和亮色文石不断交错生长的结果。

作为地壳中最重要的造岩矿物之一，方解石是一种在自然界广泛分布的矿物，其主要成分为碳酸钙。由于硬度很小（莫氏硬度为3）加之三组菱面体的完全解理，方解石即使在轻微敲击之下也能碎裂成无数方形碎块，故此得名。纯净的方解石无色透明，被称为冰洲石，透过它可以看到物体的双重影像（即方解石有显著的双折射现象），因此冰洲石成为重要光学元件用于特种光学仪器的研制。将方解石粉碎成粉末后，其应用领域更为广泛，涉及生活的方方面面，小至牙膏、化妆品，大到电缆、纸张、玻璃等，都离不开对方解石中的钙的利用。

图 47　方解石萤石共生

（产地：内蒙古赤峰，现藏于中国西安俯仰景和博物馆）

矿 物 名 称：	方解石
类别与矿物族：	碳酸盐类，方解石族
晶　　　　系：	三方晶系
化 学 成 分：	CaCO₃
结 晶 习 性：	常见单形包括菱面体、六方柱和复三方偏三角面体。平行双面，晶形常呈柱状、菱面体或板状；发育聚片双晶和接触双晶；集合体呈块状、鲕状、葡萄状、豆状、结核状、被膜状、土状、多孔状等，形态丰富
颜　　　　色：	无色，白色，浅黄色，也有红色，浅绿，蓝等颜色
透 明 度：	半透明—不透明
光　　　　泽：	玻璃光泽
折 射 率：	1.486—1.658
莫 氏 硬 度：	3
解 理 与 断 口：	三组完全解理
密　　　　度：	2.70 g/cm³
其 他 特 性：	强双折射；遇盐酸起泡

电气石

电气石即是俗称的"碧玺"，是一种化学组成极为复杂的硼硅酸盐矿物，可以被认为是化学成分以镁电气石、黑电气石、锂电气石和钠锰电气石为端元的类质同象体。化学成分的复杂性决定了电气石繁多的颜色种类，甚至在同一晶体内外或不同部位，也可呈现双色或者多色。可以说，丰富的颜色是电气石最大的亮点。

闪耀的光泽和斑斓的颜色不免让电气石在18世纪前成为其他名贵宝石的替身。16世纪，西班牙人将在巴西发现的绿色碧玺错认为祖母绿。再如俄罗斯帝国第四位皇帝安娜女皇的皇冠上镶嵌的宝石其实是一枚红色碧玺等。这些误认案例持续几个世纪，在18世纪末才被确认为不同的矿物品种。19世纪，尽管美国缅因州和加利福尼亚州盛产碧玺，但将碧玺应用更广的却是中国。清朝时期的慈禧太后尤爱碧玺，从鼻烟壶到钟表都有利用电气石雕刻制作的例子，如天青色的蓝碧玺螭龙坠、"万寿无疆"粉碧玺带扣、金镶碧玺准胸等。在故宫博物院，那些精美的碧玺饰物正等着我们赏鉴。

电气石中最具有观赏性的品种当属帕拉伊巴碧玺。这种电气石产量稀少，因色泽呈鲜艳的蓝绿色而受众人追捧，尤以巴西米纳斯吉拉斯州产出的帕拉伊巴碧玺为佳，蓝绿色主要与铜离子息息相关。西瓜碧玺（如图48所示）也是颇受追捧的品种，绿色和红色同时出现在一块晶体的现象，主要与电气石在生长过程中微量元素的变化相关。富含亚铁离子时多带绿色调，富含铬离子时带有深绿色调，富含镁离子时带有黄褐色，含锂离子和锰离子时则带有玫瑰色调……不同的微量元素占优将会呈现以相应颜色为主的色带，从而显示出由内向外或沿晶体长轴延伸的色彩变化。

⬡ 图48 西瓜碧玺

电气石大多产自花岗伟晶岩和热液矿床中，其颜色由黑色至绿色（如图 49 所示）、粉红色（如图 50 所示）等浅色，可以指示成矿时的温度高低。世界上有许多国家（地区）都产出电气石。前面提到产出帕拉伊巴碧玺的巴西米纳斯吉拉斯州可产出全世界过半的优质宝石级彩色碧玺。美国、俄罗斯和澳大利亚分别以粉红色碧玺、红色碧玺和无色碧玺闻名。在中国新疆阿勒泰地区的花岗伟晶岩矿床中蕴藏着颜色各异的碧玺，也有西瓜碧玺产出。

图 49　海蓝宝共生电气石、长石

（产地：纳米比亚）

图 50　碧玺共生钠长石

（产地：巴西米纳斯，现藏于
中国西安俯仰景和博物馆）

74

矿 物 名 称：电气石

类别与矿物族：硅酸盐类，电气石族

晶　　　　系：三方晶系

化 学 成 分：$AB_3C_6(BO_3)_3(Si_6O_{18})(OH,F)_4$，A 表示 Na、Ca、K，B 表示 Al、Fe、Li、Mg、Mn，C 表示 Al、Cr、Fe、V，是一种极为复杂的硼硅酸盐

结 晶 习 性：柱状晶体，常见三方柱、三方单锥、六方柱等晶形；晶体两端晶面不同，一端表现为球面三角形，另一端为平面；柱面发育纵纹；集合体呈放射状、束状或致密块状

颜　　　　色：较为丰富

透　明　度：透明—不透明

光　　　　泽：玻璃光泽

折　射　率：1.62—1.65

莫 氏 硬 度：7—8

解理与断口：无解理，贝壳状断口

密　　　　度：3.00—3.26g/cm³

其 他 特 性：压电性、热电性；内含不规则线状—管状包体、气液薄层空穴

雄黄与雌黄

雄黄与雌黄常共生在一起，又同是含砷的硫化物，仿佛鸳鸯一般形影不离，因此被称为是一对"鸳鸯矿物"。名医华佗的弟子、三国时期医药学家吴普在《吴普本草》中解释雄黄来历，"雄黄，神农苦，山阴有丹雄黄，生山之阳，故曰雄，是丹之雄，所以名雄黄也"。不难看出，古人之所以有雌雄黄之说，是因为古人认为雄黄与雌黄产出位置不同。实际上，二者都是低温热液矿脉中热液硫化物与含砷矿物发生反应的产物，仅是在化学成分上有所差异，雄黄为四硫化四砷（As_4S_4），雌黄为三硫化二砷（As_2S_3），在火山和温泉边多有分布。

雄黄的晶体一般为红色—橘红色的短棱柱，但从矿洞里获得的雄黄更多呈现块状集合体的形态，一旦在阳光下暴露时间过长，雄黄便会褪色成为雌黄。这一转化过程主要和雄黄中硫元素的氧化有关。雌黄一般呈柠檬黄色，理论上的短柱状晶形同样难以一睹芳容，以叶片状、肾状、纤维状的集合体为多见。

每逢端午人们会饮雄黄酒，有句俗语"饮了雄黄酒，病魔都远走"，说的便是饮雄黄酒驱避毒虫的习俗。然而，不论是雄黄还是雌黄，在氧化后都会变为三氧化二砷，即"砒霜"，因此在使用时需要格外注意安全。

图 51 中这对鸳鸯矿物有着醒目的颜色，常作为绘画、建筑颜料被广泛应用，在人类文明中留下了诸多的痕迹。在艺术领域，莫高窟壁画、《千里江山图》等名作中都有雌雄黄留下的绚烂色彩。利用它们的毒性，古人发现了其解毒、杀虫、清除恶疮、治疗疟疾的药用功能。在现代，除药用外，雄黄和雌黄更多被用来提取砷元素，在制作农药、玻璃、半导体等领域发挥作用。

图 51 方解石共生雌黄、雄黄

（产地：湖北石门）

矿 物 名 称：雌黄

类别与矿物族：硫化物类，雌黄族

晶　　　　系：单斜晶系

化 学 成 分：As_2S_3

结 晶 习 性：常呈短柱状，主要单形包括斜方柱和平行双面，集合体常呈片状、杆状或带有放射状构造的肾状、球状等

颜　　　　色：橘黄色—橙黄色

透 明 度：透明—半透明

光　　　　泽：油脂光泽，解理面呈珍珠光泽

折 射 率：2.81

莫 氏 硬 度：1.5—2

解理与断口：完全解理

密　　　　度：3.8—4.1g/cm³

其 他 特 性：强多色性，红色调的白色—黄色—绿黄色；强色散；暴露空气中易变为暗淡；烧灼时发出蒜臭

矿 物 名 称：雄黄

类别与矿物族：硫化物类，雄黄族

晶　　　　系：单斜晶系

化 学 成 分：As_4S_4 或 AsS

结 晶 习 性：柱状晶体，常见块状集合体

颜　　　　色：深红色或橙红色

透 明 度：透明—半透明

光　　　　泽：金刚光泽，断口油脂光泽

折 射 率：2.538—2.704

莫 氏 硬 度：1.5—2

解理与断口：完全解理，贝壳状断口

密　　　　度：3.8—4.1g/cm³

其 他 特 性：脆性；极强色散；烧灼时发出蒜臭

Chapter 21

铬铅矿

明亮强烈的风信子红色、棱柱状的生长习性及金刚光泽让铬铅矿（如图 52 所示）成为矿物界里的"大美人"，它如藏红花一般耀眼夺目。不只颜值，铬铅矿与人类初遇的故事同样引人称道。18 世纪中叶，人类首次在西伯利亚金矿中发现了它，并依照其外表取名为西伯利亚红铅。这一矿物在流入欧洲市场后吸引了化学家们的注意，法国化学家路易·尼克拉·沃克兰（Vauquelin Louis Nicolas，1763—1829）从中分离出铅元素和铬元素，至此，人类首次发现铬。铬在生活中的用处可不少——各式不锈钢零件、磁带等都有铬的身影。此外，铬铅矿因为鲜红的颜色也被用于制作颜料和油漆。

放眼全球，铬铅矿主要产自俄罗斯、美国、巴西和澳大利亚，尤以澳大利亚塔斯马尼亚州产出的橙色晶体为佳。这些产地大多属于超基性岩附近含铅矿床的矿床氧化带，铬铅矿常与磷酸氯铅矿、白铅矿、钼铅矿、钒铅矿等共生。

图 52　铬铅矿

（产地：澳大利亚）

矿 物 名 称：铬铅矿

类别与矿物族：铬酸盐类，铬铅矿族

晶　　　　系：单斜晶系

化 学 成 分：$PbCrO_4$

结 晶 习 性：晶体呈棱柱状，针状，短棱柱至假八面体状；常见集合体呈典型的放射状连生。

颜　　　　色：红色，橙色，黄色

透　明　　度：透明—半透明

光　　　　泽：金刚光泽

折　射　　率：2.31—2.66

莫 氏 硬 度：2.5—3

解理与断口：中等解理，贝壳状断口

密　　　　度：$5.21g/cm^3$

其 他 特 性：脆性

Chapter 22

磷灰石

磷灰石（如图 53 所示）是一系列钙磷酸盐矿物的统称，根据不同附加阴离子的种类，包含氟磷灰石、氯磷灰石、羟磷灰石和碳磷灰石。类似萤石（夜明珠）的原理，磷灰石含有的稀土元素给它带来了明显的磷光现象。而磷灰石内部常出现的纤维状生长管状包体和密集排列的定向裂隙使得磷灰石可呈现猫眼效应。

作为典型的贯通矿物，磷灰石在岩浆岩、沉积岩和变质岩这三大岩类中都能产出，情况略不相同。在岩浆岩中的磷灰石一般以副产物的身份富集在碱性岩或基性岩中；生物沉积或生物化学作用形成结核状的外生磷灰石。变质岩中的磷灰石一般是区域变质的结果。我们所见到的磷灰石多来自各种岩浆岩，这种磷灰石结晶程度好、晶形巨大。

不同产地的磷灰石在颜色和内部包体上有一定的辨识度。例如，墨西哥产出黄绿色磷灰石，其内部常有深绿色的针状电气石。同样是黄绿色，而坦桑尼亚产出的磷灰石内部大多只有管状的生长管道。巴西产出深蓝色磷灰石内部常有圆形的气泡群。印度产绿色磷灰石在长波紫外线照射下发出黄色荧光。坦桑尼亚出产的黄绿色磷灰石常有密集的定向裂隙，这种裂隙在合理的切割之后，成品会有猫眼效应产生等。不同产地磷灰石的差异与其形成条件息息相关。

图 53　磷灰石

（产地：西班牙）

矿 物 名 称：磷灰石

类别与矿物族：磷酸盐类，磷灰石族

晶　　　　系：六方晶系

化 学 成 分：$Ca_5(PO_4)_3(F, OH, Cl)$，含有微量的 Mn、Sr、U、Ce 等元素

结 晶 习 性：晶形呈六方柱状—板状，常见六方柱、六方双锥等单形；集合体呈粒状和致密块状

颜　　　　色：黄色、绿色、紫色、无色、蓝色、粉色

透　明　度：透明—半透明

光　　　泽：玻璃光泽，断口油脂光泽

折　射　率：1.634—1.638

莫 氏 硬 度：5

解 理 与 断 口：解理不发育，不平坦—贝壳状断口

密　　　度：3.18g/cm³

其 他 特 性：磷光；蓝色磷灰石多色性强，表现为蓝—黄—无色；特征吸收光谱，显示 580nm 双线

Chapter 23

银星石

银星石（如图54所示）的主要成分是含羟基的铝磷酸盐矿物，属于由含磷的水溶液作用于富含铝的矿物而成的次生斜方晶系矿物。理论上晶形呈板状、球状或柱状，多以针状形态组合成放射状集合体，在磷矿床矿石裂隙或碳氟磷灰石周围富集。遗憾的是，自然界中产出的银星石一般结晶程度差、数量稀少、个头小，远没有达到工业开采的量级。

银星石因其饱满的球状形态多被当做收藏品，比较有名的是产自美国阿肯色州的黄绿色银星石。

图 54　银星石

（产地：美国）

矿 物 名 称：银星石

类别与矿物族：磷酸盐类，银星石族

晶　　　　系：斜方晶系

化 学 成 分：$Al_3(PO_4)_2(OH,F)_3 \cdot 5H_2O$

结 晶 习 性：柱状晶形，常见单形呈平行双面、斜方柱；集合体呈球状、放射状

颜　　　　色：黄绿色，褐色，暗蓝色

透 明 度：半透明

光　　　　泽：玻璃光泽—树脂光泽

折 射 率：1.518—1.561

莫 氏 硬 度：3.5—4

解 理 与 断 口：完全—中等解理，参差状—贝壳状断口

密　　　　度：5.21g/cm³

其 他 特 性：脆性

Chapter 24

黄铜矿

乍一眼看黄铜矿（如图 55 所示），会错认为是不规则粒状、肾状、葡萄状或致密块状的自然金。用指甲一划发现没有划痕，说明其莫氏硬度大于 2.5，或者说这不是自然金，似乎与黄铁矿更相似 [①]。定睛一看，这金黄的颜色上还有或紫或绿或蓝的锈色，便知其不是黄铁矿。这一过程道出了黄铜矿的辨别方法——金黄色、硬度较大、表面呈锈色。

作为分布最广的铜矿物，黄铜矿在美国、加拿大、澳大利亚、西班牙、墨西哥、智利等地，以及中国长江中下游、川滇地区、甘肃河西走廊、山西中条山等地均有分布。广泛的分布范围与黄铜矿能在各种条件下形成密不可分，如黄铁矿、闪锌矿、毒砂、方解石、辉钴矿、孔雀石、斑铜矿、辉铜矿等都可与黄铜矿共生。

---

① 黄铁矿用小刀无法刻出划痕，但黄铜矿可被刻出划痕。

⬡ 图 55　黄铜矿

矿 物 名 称：黄铜矿

类别与矿物族：硫化物类，黄铜矿—黝锡矿族

晶　　　　系：四方晶系

化 学 成 分：$CuFeS_2$

结 晶 习 性：单晶呈四方四面体，比较少见，常见弯曲的聚片双晶、简单双晶
　　　　　　　和粒状—脉状集合体

颜　　　　色：黄铜色，带有斑杂的锖色

透 明 度：不透明

光　　　　泽：金属光泽

莫 氏 硬 度：3—4

解 理 与 断 口：不完全解理，不平坦状—贝壳状断口

密　　　　度：4.1—4.3g/cm³

其 他 特 性：脆性；导电性好

Chapter 25

锆石

　　锆石是世界上最老的矿物。在各大洲搜集的锆石放射性同位素数据表明，各大洲大陆均有超过 35 亿年的锆石，特别是澳大利亚 Jack Hill 地区的碎屑锆石年龄可以达到 44 亿年。这颗最古老的锆石早在 2001 年便被发现，由于体量很小，仅有人类头发直径的两倍大，在确定年龄上经历了漫长的过程。好在技术的革新使我们能测量微小体积碎屑锆石的同位素年龄，加上原子探针断层扫描的辅助确认，科学家最终确定 44 亿年数据是准确的。虽然得到了确定的答案，但科学家们还在不断深入研究。因为我们仍未寻找到地球最初形成时的岩石。目前，科学家在地球发现的陨石样品年龄在 44—48 亿年之间，月岩中的锆石碎片显示 45.1 亿年的月球年龄等，无一不说明，地球的形成可能与月球、部分行星等同步，都至少在 45 亿年前，这也是主流观点。可以说，透过这颗古老的锆石，我们可以窥见地球形成早期时的故事。地质学家利用锆石广泛分布、理化性质稳定、铀含量适中的特点，通过铀－铅（U-Pb）同位素定年法可以较为准确地锁定生物大灭绝、火山喷发、气候骤冷等事件的发生年代。锆石在确定地质历史年代和重大事件方面立下汗马功劳。

　　长期以来，因其金刚光泽和高色散的特性，使人们产生一种锆石是人造钻石的错觉。其实，模仿钻石的合成材料是立方氧化锆，而非锆石。锆石在很多方面都与钻石有着显著的区别。一方面，锆石脆性大，即使是纸轻微摩擦，锆石边棱也会产生磨损，被称为纸蚀效应。另一方面，锆石有较大的双折射率，这使得切磨好的锆石有明显的刻面凌重影现象。借助分光镜便可以明显地看出锆石在光谱上的若干条清晰谱线，这是其他任何宝石无法比拟的性质，与锆石内部所含的若干稀土元素相关。

红色锆石（如图 56 所示）也被称为"风信子石"，主要产自斯里兰卡、泰国、法国和柬埔寨。一方面，因混入了铀、钍等放射性元素引起晶格损伤，可以形成红色的色心；另一方面，在还原条件下的热处理能将红色锆石转变为蓝色，这说明铁离子也导致了红色。除天然红锆石外，利用 X 射线辐照也能将无色锆石变为红色。

锆石在岩浆岩、沉积岩、变质岩三大岩中均有产出，世界上宝石级别的锆石大多产自变质岩和玄武岩中，特别在碱性玄武岩和碱性伟晶岩中可以富集成矿，以缅甸、斯里兰卡、泰国、越南、老挝、法国、坦桑尼亚为代表。在中国，锆石产出颇为普遍，但宝石级别的锆石的产出在福建、辽宁、海南、山东等地。

⬡ **图 56　锆石共生云母**

（产地：巴基斯坦）

矿 物 名 称：锆石

类别与矿物族：硅酸盐类，锆石族

晶　　　　系：四方晶系

化 学 成 分：$ZrSiO_4$，含有微量的 Mn、Fe、Mg、Al、Hf、U、Th 等元素

结 晶 习 性：柱状，常见单形如四方柱和四方双锥；膝状双晶

颜　　　　色：常见黄色、绿色、蓝色、红色、无色等

透 　明　度：透明—半透明

光　　　　泽：玻璃光泽

折 　射　率：1.810—1.984

莫 氏 硬 度：6—7.5

解 理 与 断 口：无解理，贝壳状断口

密　　　　度：3.90—4.73g/cm³

其 他 特 性：色散强（0.038）；特征吸收光谱，以 653.5nm 为典型，伴有若干条稀二谱的吸收线；边角易磨损

Chapter 26

天青石

"天青色等烟雨，而我在等你。"天青石并不像汝窑青瓷一般需要抓住雨后烧制那样难得、珍贵，却也绝非凡品。作为自然界中含锶量大的矿物，天青石（如图 57 所示）贡献了绝大多数人类使用的锶（Sr）。天青石矿主要用于加工成锶的碳酸盐和硝酸盐。其中，碳酸锶可以吸收较高的 γ 射线，从而有效改善玻璃的折射率，如家里彩色电视机的显像管中便有掺有碳酸锶的荧光屏玻璃。硝酸锶[①] 有着色性，如红色烟花、信号弹里都含有这种物质。当然，天青石并不只有天青色，还有绿色、黄色、橙色甚至无色，其中，以蓝色天青石最为珍贵。

世界上已发现的天青石矿床有两种，一种以沉积岩为围岩，由流动的含锶地下水溶解后沉淀形成，这种沉积成因的矿床在全世界占比超 90%，如墨西哥萨拜那斯盆地、伊朗扎格罗斯造山带、土耳其锡瓦斯盆地、中国柴达木盆地等。另一种是与火山活动相关的热液矿床，相对较少见。

◈ **图 57　天青石**

（产地：马达加斯加）

矿 物 名 称：	天青石
类别与矿物族：	硫酸盐类，重晶石族
晶 系：	斜方晶系
化 学 成 分：	$SrSO_4$
结 晶 习 性：	晶体呈柱状或板状居多，发育燕尾双晶；集合体呈放射状、结核状、晶簇状
颜 色：	淡蓝色，红色，绿色，白色，黄绿色，黄色—橙色，无色
透 明 度：	透明—半透明
光 泽：	玻璃光泽，解理面呈珍珠光泽
折 射 率：	1.619—1.637
莫 氏 硬 度：	3.0—3.5
解 理 与 断 口：	完全解理
密 度：	3.96—3.98g/cm³
其 他 特 性：	脆性

————————

① 硝酸锶被列入《易制爆危险化学品名录》，按照《易制爆危险化学品治安管理办法》管控。

Chapter 27

黄玉（托帕石）

托帕石（如图 58 所示）在发现之初大多为无色—黄色，所以也被称为黄玉或者黄晶。显然，后两种名字都容易引起歧义：黄玉是中国黄色的和田玉（软玉）的简称，而黄晶则指黄色水晶。在市场交易中，这一矿物以英文名"Topaz"的直译"托帕石"为名称。这也说明，作为最为常见的品种，无色—黄色的托帕石在托帕石系列中属于价值较低的品种。托帕石还可以呈蓝色、粉红色、褐红色甚至是绿色，以一种近似枫叶颜色的帝王托帕石最为贵重。另一种常见却显高贵的蓝色托帕石，如"瑞士蓝"（蓝绿色）、"天空蓝"（浅蓝绿色）和"伦敦蓝"（深灰蓝色），大多通过辐照和加热处理获得，天然的蓝色托帕石非常少见。

哪里可以见到托帕石呢？答案便是花岗伟晶岩。可以说，全世界大部分的托帕石来自巴西的花岗伟晶岩中。在我国的内蒙古，花岗伟晶岩中一并孕育着托帕石、绿柱石和独居石。在高温气成热液泳和酸性火山岩的气孔中，也有小颗粒的托帕石出现，如中国江西产出的托帕石富集在矿脉支脉中，与石英、白云母、黑钨矿等共生。当然，托帕石产地不只是巴西和中国，在俄罗斯、斯里兰卡、缅甸和美国也有优质的托帕石产出。

⬡ 图 58　托帕石

矿　物　名　称：黄玉（黄晶）

类别与矿物族：硅酸盐类，黄玉族

晶　　　　　系：斜方晶系

化　学　成　分：$Al_2SiO_4（F，OH）_2$，含有微量的 Mn、Fe、Mg、
　　　　　　　　Li、Ti、Nb 等元素

结　晶　习　性：短柱状，集合体为粒状、块状；柱面发育纵纹

颜　　　　　色：无色—褐黄色，蓝色，粉色—褐红色

透　　明　　度：透明

光　　　　　泽：玻璃光泽

折　　射　　率：1.619—1.627

莫　氏　硬　度：8

解　理　与　断　口：一组解理完全

密　　　　　度：3.53g/cm³

其　他　特　性：韧性差

红柱石

红柱石（如图59所示）这一矿物名言简意赅地阐述了该矿物的基本特征——红色（实际上颜色偏褐色），多呈柱状。其英文名Andalusite则述说着人类发现它的历史——1798年，由于不熟悉西班牙当时的地理情况，德国矿物学家A.G.维尔纳（Abraham Gottlieb Werner）误认为这种新矿物来自西班牙安达卢西亚（Andalusia），便以发现地为其命名；实际上，当时这种矿物来自瓜达拉哈拉（Guadalajara）的El Cardoso镇，而之后的矿物学家也延续了这一名称，没有纠正错误。红柱石名字渊源听起来似乎有些乏味，但红柱石与人类的羁绊远不只这些。

红柱石常出现在低压、低—较高温条件下生成的变质岩（如混合岩、变泥质岩等），是指示形成环境为低压的重要压力计。而红柱石与蓝晶石、夕线石互为同质多象，即相同的化学成分、不同的外形。这种差异与生长环境的温压条件差异息息相关。地质学家通过红柱石这些矿物推测当时的温压条件，以便了解在矿物（岩石）形成的那个年代地球发生了哪些故事。

除了供人们探索未知的地下奥秘，红柱石更多以耐火材料的形式被人们应用。在建材、化工、机械、航天、军工等领域，红柱石被加工为硅铝合金纤维、陶瓷、耐火砖等用于航天器、超音速飞机、雷达、冶金炉、特殊面料、高温窑等的制作。比如汽车启动时，为汽油－空气混合体直接点火的火花塞就是利用红柱石为原料制作耐火元件的。在点火的瞬间，红柱石火花塞将承受上千度的热焰炙烤。再者，某些内部含有丝管状包体的红柱石被切磨成猫眼，摇身一变位列宝石席位。这种红柱石猫眼大多来自斯里兰卡和巴西。其余的普通红柱石矿石广泛分布在南非、俄罗斯、法国和西班牙等地。一些呈放射状的红柱石集合体因形似绽放的菊花，被人们亲切地称为"菊花石"。在中国，新疆库尔勒、辽宁岫岩、北京等地也有红柱石矿石资源。

⬡ 图 59　红柱石

矿 物 名 称：红柱石

类别与矿物族：硅酸盐类，红柱石族

晶　　　　系：斜方晶系

化 学 成 分：Al_2SiO_5，含有 V、Fe、Mn、Ti 等元素

结 晶 习 性：晶体呈柱状，有平行的晶面条纹，横断面近似
　　　　　　六边形；集合体多为放射状和粒状

颜　　　　色：带有褐色调的绿色—黄色，绿色，紫色

透 明 度：透明—半透明

光　　　　泽：玻璃光泽

折 射 率：1.629—1.650

莫 氏 硬 度：6.5—7.5

解 理 与 断 口：一组中等解理，参差状断口

密　　　　度：3.13 – 3.21g/cm³

其 他 特 性：强多色性，三个方向表现为褐黄绿色—褐橙色
　　　　　　—褐红色

蓝铜矿

　　人类从石器时代迈入青铜时代，对铜矿的开采利用显然发挥了重要的作用。现代炼铜尽管以分布最广泛的黄铜矿为主，但蓝铜矿作为其次生产物，仍能在指示原生铜矿的发现和开采上做出巨大贡献。

　　蓝铜矿（如图 60 所示）是一种含铜的碳酸盐矿物。从其化学式 $Cu_3(CO_3)_2(OH)_2$ 不难看出蓝铜矿由原生铜矿（特别是含铜的硫化物）氧化而来，并进一步变为孔雀石，即俗称的碱式碳酸铜〕。这也是勘探队员以蓝铜矿和孔雀石作为判定原生铜矿存在的依据。

　　蓝铜矿是极为鲜艳的矿物。它蓝得夺目耀眼，如孔雀羽毛一般。即使是在两千多年前，人们也绝不会忽视如此鲜艳的颜色。早在春秋时期，《范子计然》里便详细记录不同形态蓝铜矿所制的颜料——"空青""白青""曾青"等。到了秦朝，蓝铜矿用于兵马俑着色。马王堆 1 号墓出土的汉代帛画也是使用了名为石青的由蓝铜矿制作而成的颜料。蓝铜矿在中国彩色绘画、建筑、雕塑史上留下浓墨重彩的一笔，直到清朝晚期才被人造群青和普鲁士蓝所代替。

图 60 蓝铜矿

（产地：澳大利亚）

矿 物 名 称：蓝铜矿

类别与矿物族：碳酸盐类，孔雀石族

晶　　　　系：单斜晶系

化 学 成 分：$Cu_3(CO_3)_2(OH)_2$

结 晶 习 性：晶体常呈板状、短柱状至长柱状，主要单形包括平行双面、斜方柱；集合体呈粒状、晶簇状、放射状、土状、皮壳状、薄膜状

颜　　　　色：鲜艳的蓝色，微带绿色调

透 明 度：透明—半透明

光　　　　泽：玻璃—金刚光泽

折 射 率：1.730—1.838

莫 氏 硬 度：3.5—4.5

解理与断口：完全—中等解理，贝壳状断口

密　　　　度：3.54—4.10g/cm³

其 他 特 性：遇盐酸起泡和溶解；易转变为孔雀石

Chapter 30

石膏

透石膏（即硬石膏中透明的品种，如图 61 所示）与石膏（即生石膏）有着一样的化学成分硫酸钙（$CaSO_4$），只不过前者多了透明的特质，是石膏的一种变种。在微观层面，透石膏晶体结构中夹杂着水分子。从文化层面，透石膏以皎皎月光之姿吸引着古今众人之喜爱。古希腊神话将透石膏奉为月亮女神塞勒涅（Selene），认为它有着满月的能量，用以祝祷祈福，并给透石膏取名为 Selenite。发源于幼发拉底河和底格里斯河的美索不达米亚文明也有类似的说法，当地人以透石膏和沥青为疗愈手段，帮助病人恢复健康，但这个观念在现代科学眼中属于无稽之谈。透石膏是"脆弱"的，尽管透石膏生长成柱状晶簇或发育成如同燕子尾巴一般的双晶——燕尾双晶，但它并没有外表看着的形样硬朗，用指甲一划就能留下痕迹。透石膏主要被用作各种装饰品和摆件，因其性脆、易碎、易裂的性质，在赏鉴、搬运过程中可得万分小心。

在墨西哥奇瓦瓦州奈卡晶体洞（Cave of the Crystals）或巨晶洞（Giant Crystal Cave）的内部，可以见到壮观的巨形透石膏晶体。它们的长度普遍超过 6 米，最长可达 12 米、直径 4 米。这些高大的透石膏晶体纵横交错，旁逸斜出，如迷宫一般，被人称为"晶体迷宫"。在距离地表更近，还有"剑之洞"（Cave of Swords），"冰宫"（Ice Palace），"女王之眼洞"（Queen's Eye Cave）和"蜡烛洞"（Candles Cave），同样生长着透石膏晶体。你可能会问，为什么墨西哥奇瓦瓦州有如此多巨型的透石膏储量呢？答案是，天时地利，"慢火熬老汤"。奈卡铅锌银矿所处的断裂带下部约 3—5 千米就是熔融的岩浆房，温度高达 1100℃。这一温度加热了岩层中储存的水分，并打包地下的二价硫离子至地表，而地表较冷地下水的氧化环境接触热的深层水后，将二价硫离子转化为硫酸根离子，并就近与石灰岩中的钙离子结合，随混合水水温的逐渐冷却而缓慢结晶。由于任一过程都没有发生中断，这种结晶持续 50 万年之久，形成巨晶。通过这一过程不难猜到，最为轰动的巨晶洞实际上温度不低（58℃），湿度极高（90%+），在没有外力抽水作业时，整个矿洞充盈着热液。自2017年起，墨西哥的采矿公司停止了抽水作业，因此，我们无法进入这一矿洞一探究竟。等待若干年后，矿洞的抽水作业再次开启时，进入矿洞的人们又会像打开盲盒一般，领略一个全新的巨晶洞。

⬡ 图61 透石膏

（产地：山西）

矿 物 名 称：硬石膏

类别与矿物族：硫酸盐类，石膏族

晶　　　　系：斜方晶系

化 学 成 分：$CaSO_4$

结 晶 习 性：晶体常呈板状；集合体呈纤维状、晶簇状或致密块状

颜　　　　色：无色—白色

透　明　度：透明—半透明

光　　　　泽：玻璃—油脂光泽

折　射　率：1.571

莫 氏 硬 度：3—3.5

解 理 与 断 口：完全—中等解理

密　　　　度：2.9—3.0g/cm³

其 他 特 性：易碎；紫色品种有明显多色性，表现为无色至浅黄色—淡紫色—深紫色

橄榄石

在我们脚下几百千米的上地幔岩浆中，孕育着一种橄榄绿色的矿物——橄榄石（如图 62 所示）。它们在上地幔结晶，通过岩浆作用被带至地表或浅表，人类得以开采。有些自宇宙而来，随着陨石纷纷扬扬落入地球的尘埃。当下已知最古老的橄榄石来自 45 亿年前，几乎与地球"同寿"，见证了地球这颗行星的成长，以及地球上的山河变迁。一般来说，绝大部分橄榄石来自碱性玄武岩或尖晶石二辉橄榄岩中。中国吉林敦化的意气松南山是全球已探明最大储量的橄榄石矿藏。此外，缅甸抹谷、美国亚利桑那州、巴基斯坦、墨西哥北部也有产出。

人类与橄榄石的交集早在三千多年前便开始，最早是古埃及人在红海扎巴贾德岛（Zabargad）发现了橄榄石并将其开采出来，制成护身符或是雕像，赋予其光明、新生和力量的寓意。直到今日，这里仍是优质橄榄石的主产地之一。而后，随着人口的流动橄榄石被带到世界各地，直到硬度更高、光泽闪耀的钻石和祖母绿的出现才使人们对橄榄石的热情逐渐淡去。

橄榄石受到热液和风化作用后容易蚀变为蛇纹石。蛇纹石即是大名鼎鼎"岫玉""蓝田玉""鲍文玉""威廉玉"的主要成分。不只地球，在月球和火星中也有诸多橄榄石的存在。2020 年 12 月 17 日，嫦娥五号探测器带回的 1731 克月壤中，利用显微镜发现了黄绿色的橄榄石。橄榄石的故事还有很多，正静静等待着人类发现。

图62　橄榄石

矿　物　名　称：橄榄石

类别与矿物族：硅酸盐类，橄榄石族

晶　　　　　系：斜方晶系

化　学　成　分：（Mg，Fe）$_2$SiO$_4$，含有微量的 Mn、Ca、Al、Ni、Ti 等元素

结　晶　习　性：短柱状—粒状

颜　　　　　色：略带黄色调的草绿色

透　　明　　度：透明—半透明

光　　　　　泽：玻璃光泽

折　　射　　率：1.654—1.690

莫　氏　硬　度：6.5—7

解　理　与　断　口：解理中等—不完全

密　　　　　度：3.27—3.48g/cm^3

其　他　特　性：脆性大；丰富的包体，最特征的是"睡莲叶状"包体；Fe 的特征吸收光谱；双折射率大，切磨后可以看到明显的棱线重影

Chapter 32

葡萄石

　　"霏微晓露成珠颗，宛转田田未有风。任器方圆性终在，不妨翻覆落池中。"这是唐代诗人齐己描写清晨苟塘露珠的情景，葡萄石（如图 63 所示）的剔透灵动恰如诗中的露珠一般。想象一下，葡萄剥皮后晶莹又多汁的样子，那便是葡萄石给人的初印象。当然，正如葡萄石不只有绿色、还有肉红、浅黄等颜色一样，葡萄石的葡萄珠状只是典型形态，更多的呈现块状、肾状、片状集合体形态。1788 年　葡萄石波德国矿物学家亚伯拉罕·戈特洛布·沃纳（Abraham Gottlieb Werner）命名，以纪念 1774 年荷兰普雷恩（Hendrik von/van Prehn）在南非好望角发现这种新矿物。出于这段故事和它绿色的外观，葡萄石也被称为"好望角祖母绿"。在法国、瑞士、南非、加拿大、葡萄牙、印度、巴基斯坦、美国和中国四川等地产出，大多出现在玄武岩或其他基性喷出岩中的气孔和裂隙中，属于斜长石热液蚀变后形成的次生矿物，常与方解石、沸石等共生。优质的葡萄石常常褪去了葡萄石普遍存在的灰色调，颜色鲜艳、透亮，如同冰种翡翠一般。因此会有利用优质葡萄石冒充冰种翡翠来售卖的情况。一般我们可以通过手感（葡萄石密度小）、颜色（葡萄石带有一些黄调，颜色整体均一）、内部洁净程度来区分。

图63　葡萄石共生绿帘石

（产地：马里）

矿 物 名 称：葡萄石

类别与矿物族：硅酸盐类，葡萄石族

晶　　　　系：斜方晶系

化 学 成 分：Ca$_2$Al［AlSi$_3$O$_{10}$］(OH)$_2$，含有 Fe、Mg、Mn、Na、K 等元素

结 晶 习 性：单晶体少见，呈柱状、板状和单锥状，主要单形有斜方柱和平行
　　　　　　　双面；集合体常呈板状、扇状、葡萄状、肾状、钟乳状、放射状、
　　　　　　　致密块状

颜　　　　色：白色、浅黄、灰色、粉色或带各种色调的绿色

透 明 度：透明—半透明

光　　　　泽：玻璃光泽

折 射 率：1.616—1.649

莫 氏 硬 度：6—6.5

解 理 与 断 口：完全—中等解理，参差状断口

密　　　　度：2.80—2.95g/cm^3

其 他 特 性：脆性

Chapter 33

异极矿

在铅锌矿床的氧化带中，产出一种钟乳状、肾状的水蓝色矿物——异极矿。这种水蓝色并不是其本色，只有当铜离子类质同象替代锌离子时才能出现。且铜离子含量越高，蓝色调越浓。当掺有其他致色离子时，还可呈现浅绿色、黄褐色、白色、褐色。

异极矿（如图 64 所示）为何称为"异极"呢？这要从它的结晶习性说起。异极矿属于斜方晶系，其晶体一端尖锐、一端平钝——晶体两端不对称，这是其得名的原因。其次，异极矿有"异极"的特点还体现在它具有显著的热电性和压电性，这使得它受到压力或温度升高时，可以在晶体一端产生正电荷，另一端产生负电荷。

尽管异极矿都来自铅锌矿床氧化带，但不同地区产出的异极矿受当地地质环境的影响而略有差异，绝大部分产地的异极矿被用于工业领域，美国亚利桑那州产出的异极矿大多呈蓝绿色、放射状或细针状，赋存于石灰岩和流纹岩的破裂带中，非常脆，一触就碎。纳米比亚罗什皮纳地区产出的异极矿则相对不易破碎，大多为球状或皮壳状，颜色更淡，甚至为白色。墨西哥产出的异极矿则为无色或白色，呈晶体而非集合体的形态。中国云南文山壮族苗族自治州出产天蓝色异极矿，颜色鲜亮，被称为"中国蓝"，其鲜艳的颜色与相对较高的铜含量相关。

异极矿含有超过 50% 的锌，因此主要是锌矿的重要来源之一。利用锌比铁化学活动性强的特点，将钢铁表面镀一层锌膜，可以有效防止内部物质氧化。此外，异极矿一般仅出现在铅锌矿床中，因此，一旦有异极矿大量出现，便意味着大型的闪锌矿原生矿床就在不远处了。

图 64 异极矿

（产地：广东韶关，现藏于中国西安俯仰景和博物馆）

矿 物 名 称：异极矿

类别与矿物族：硅酸盐类，异极矿族

晶　　　系：斜方晶系

化 学 成 分：$Zn_4(H_2O)[Si_2O_7](OH)_2$

结 晶 习 性：晶体呈板状；常呈板粒状、皮壳状、肾状、钟乳状以及土状集合体

颜　　　色：无色，集合体呈白色、灰色并带黄、褐、绿、蓝等色调

透 明 度：透明—半透明

光　　　泽：玻璃光泽

折 射 率：1.614—1.636

莫 氏 硬 度：4.5—5

解理与断口：完全—中等解理，不平坦状断口

密　　　度：3.43—3.50g/cm³

其 他 特 性：短波紫外线下呈暗淡的白色

黝帘石

黝帘石是一种斜方晶系的硅酸盐矿物。最初发现时，黝帘石产于奥地利卡林西亚州 Saualpe 地区的榴辉岩中，按照构词法被命名为"saualpite"。而后，喜欢给矿物命名的 A.G. Werner 再次出现，由于他本人获得的黝帘石样品来自奥地利学者西格蒙德·佐伊斯·冯·埃德尔斯坦（Sigmund Zois von Edelstein）男爵资助的野外探险，因此将黝帘石取名为"Zoisite"。20 世纪 60 年代，在坦桑尼亚北部阿鲁沙地区乞力马扎罗山脉下，宝石级蓝紫色透明黝帘石"走上了历史舞台"，被称为"坦桑石"，"坦桑"这一名字正是对当时新成立的坦桑尼亚共和国的纪念。《泰坦尼克号》电影中，女主角佩戴的海洋之心蓝钻道具，实际上就是坦桑石。现今也仅有坦桑尼亚是宝石级坦桑石的出产地，物以稀为贵，其价值可见一斑。其他品种的宝石级黝帘石往往在墨西哥、奥地利、美国和瑞士等地产出，是区域变质和热液蚀变的产物。

黝帘石往往带有褐色调，呈现绿蓝色、灰色、褐色、黄色和绿色等。由于天然的黝帘石颜色杂乱，常对矿物加热，以保证颜色的稳定和鲜艳。坦桑石实际上是黝帘石的绿蓝色变种（如图 65 所示），天然带蓝色调的坦桑石在加热后，绿色—褐色调消失，呈现纯净的蓝紫色。这种奇妙的颜色变化背后仍是致色离子的作用，三价钒离子经过加热后升价为四价钒离子取代晶体结构中的铝离子，从而呈现稳定的蓝紫色。

鲜艳的蓝色加上强烈的蓝色、紫色、黄绿色三色性（黝帘石均有很强的三色性）会迷惑人们对坦桑石的判定，往往将其认成蓝宝石或堇青石。实际上，若想分开三者并不困难。首先，从密度上，同体积下蓝宝石最重（4g/cm³）然后是坦桑石（3.35g/cm³），最轻的是堇青石（2.61g/cm³）。其次，蓝宝石的多色性并不能肉眼所见，是以区分蓝宝石和其他两者。从闪亮程度（即折射率）上，以相同切割方式进行比较，蓝宝石最闪，堇青石最暗，坦桑石居中。

图 65　坦桑石

矿 物 名 称：黝帘石

类别与矿物族：硅酸盐类，绿帘石族

晶　　　　系：斜方晶系

化 学 成 分：$Ca_2Al_3(SiO_4)_3(OH)$，含有 V、Cr、Mn 等元素

结 晶 习 性：晶体呈柱状，有平行的晶面条纹，横断面近似六边形；集合体多为柱状晶粒

颜　　　　色：带有褐色调的绿蓝色、无色、灰色、绿色、浅玫瑰色

透 明 度：透明

光　　　　泽：玻璃光泽，解理面呈珍珠光泽

折 射 率：1.691—1.700

莫 氏 硬 度：6—7

解理与断口：一组完全解理，不平坦状断口

密　　　　度：3.10—3.36g/cm³

其 他 特 性：脆性；具有强多色性，三个方向表现为淡粉色到红莲色，近无色到明亮的粉红色或深蓝，淡黄色到黄绿色；有比较强的色散（0.021）

辉石

在野外徒步时，我们有可能看到一种深绿—黑色的短柱形矿物，它们有近方形的两组解理可与角闪石区分。它们有可能出现在岩浆岩中，也有可能出现在变质岩中。这即是狭义上的辉石。

广义的辉石指辉石族矿物，是最重要的造岩矿物，是一类单链结构硅酸盐矿物的总称。它不仅是地球上岩石的主要成分，在月球岩石中同样是主要成分。不同金属阳离子之间的等价或不等价、完全或不完全类质同象无疑壮大了辉石家族的成员数量，甚至影响到其晶系的划分（可分为单斜辉石亚族和斜方辉石亚族两个亚族，前者属于单斜晶系，后者属于斜方晶系）。单斜辉石亚族包括透辉石、钙铁辉石、普通辉石、霓辉石、霓石、锂辉石（如图 66 所示）等。斜方辉石亚族包括顽火辉石、古铜辉石、紫苏辉石等。在颜色上，含铁量越大，辉石族矿物的颜色也会从白色、灰色逐渐向褐黑色转变。

辉石族矿物在实际生活中各显神通，发挥着不小的作用。锂辉石是提取锂元素及其化合物的重要来源，也可用于耐火陶瓷材料的制备。它还有两个比较名贵的宝石级变种——绿色的翠铬锂辉石和紫色的紫锂辉石，前者仅产于美国北卡罗来纳州，后者相对常见，在中国、巴西、马达加斯加等地均有产出。

图 66　锂辉石

矿 物 名 称：锂辉石

类别与矿物族：硅酸盐类，辉石族

晶　　　　系：单斜晶系

化 学 成 分：$LiAlSi_2O_6$，含有 Cr、V、Fe、Mn、Ti 等元素

结 晶 习 性：晶体呈短柱状，有晶面竖纹；横断面呈正方形；集合体呈放射状
　　　　　　　或粒状

颜　　　　色：粉—紫色，绿色，黄色，无色

透 明 度：透明

光　　　　泽：玻璃光泽

折 射 率：1.660—1.676

莫 氏 硬 度：6.5—7

解 理 与 断 口：两组完全解理，参差状断口

密　　　　度：3.18g/cm³

Chapter 36

欧泊

欧泊（蛋白石）给人的记忆点在于它转眼间色彩斑斓多变幻，仿若星辰大海尽揽眼底。这种变彩与欧泊的内部结构息息相关。利用电子显微镜观察欧泊，将其放大上万倍，我们可以看到若干二氧化硅分子和水分子形成的球粒呈紧密堆积的状态，球间的空隙充填折射率与球粒成分略有差异的透明基体。当白光进入欧泊，随着光线入射角度的不同，基体折射率细微差异导致球体衍射出不同的颜色。这种变彩仅在二氧化硅球体直径在某一范围内成立，如粉欧泊、火欧泊等二氧化硅球粒大小不符合变彩条件且不是规则排列的，则会导致它们不会呈现变彩效应。

欧泊中最为知名的当属澳大利亚黑欧泊，分布在澳大利亚的新南威尔士州、昆士兰和南澳大利亚州。它色彩饱满、饱和度很高，并不像它的名字一样完全是黑色的（如图 67 所示）。2003 年库伯佩地（Coober Pedy）矿区产出了一枚顶级的黑欧泊，包含了光谱的全部颜色，被称为 Vivid Rainbow。在太平洋彼岸的墨西哥，耀眼夺目的火欧泊和晶质欧泊在硅质火山熔岩溶洞中产出。南美洲秘鲁也有一和颜色绚丽的蓝欧泊产出，这种欧泊和火欧泊一样没有变彩效应。向东跨越大西洋，抵达盛产水欧泊的埃塞俄比亚。这里的水欧泊含水量不稳定，遇热即变干失色，变得浑浊，因此价格也相对便宜。

 图 67　欧泊化箭石

（产地：澳大利亚，现藏于中国西安俯仰景和博物馆）

化学成分：$SiO_2 \cdot nH_2O$

结晶状态：非晶质体

颜　　色：白色、黑色、蓝色、绿色、红色

透 明 度：透明—不透明

光　　泽：玻璃—树脂光泽

折 射 率：1.37—1.45

硬　　度：4.5—6

密　　度：1.25—2.23g/cm³

其他特性：表面呈丝绢状外观，内部色斑呈不规则的二维图像，色斑边界平坦模
　　　　　糊；磷光

注：欧泊（蛋白石）是一种非晶态的含水二氧化硅集合体，不属于矿物范畴。

钼铅矿与辉钼矿

钼是合金、化肥、电子等领域的重要元素。在炼钢时加入钼，会显著提高钢的高温强度、韧性、耐酸性和耐碱性，这种含钼的特制钢材被用于海上石油、远洋船舶、污水回收等领域。钼还是植物体内必需的微量元素之一，利用钼酸铵制作的肥料能显著提高作物产量，提高植物的抗旱、抗寒能力，以及抗病性。钼有良好的导电和耐高温性能，使其被用于在电子管中做栅极和阳极支撑材料、制造灯泡所需的各种部件。可以说，钼是我们现代生活中不可缺少的元素。

钼主要来自辉钼矿，其次是钼铅矿（如图 68 所示）。尽管它们的名字中都带"钼"字，但辉钼矿属于硫化物——二硫化钼，钼铅矿的主要成分是钼酸铅，属于钼酸盐矿物。二者在外观上完全不同，辉钼矿形似石墨，硬度低、具有金属光泽、呈浅灰色。钼铅矿一般呈金刚光泽的黄色、橙色、红色、灰色或者褐色板状、片状或颗粒状晶体，略带树脂光泽，火彩强（闪亮的彩色光芒），密度大，这些特征可使其与其他铅矿区分。

图 68　钼铅矿

矿 物 名 称：钼铅矿

类别与矿物族：钼酸盐类，白钨矿族

晶　　　　系：四方晶系

化 学 成 分：$PbMoO_4$

结 晶 习 性：一般呈板状、薄板状，少数呈锥状；集合体呈粒状；发育双晶

颜　　　　色：黄色，橘黄至橘红色，橄榄绿色，棕色，白色

透 明 度：透明

光　　　　泽：金刚光泽

折 射 率：2.283—2.405

莫 氏 硬 度：2.5—3

解 理 与 断 口：完全—中等解理，贝壳状—不平坦状断口

密　　　　度：6.5—7.5g/cm³

其 他 特 性：压电性；脆性；色散强

　　辉钼矿（如图 69 所示）晶体呈六方板状，大多表现为片状、鳞片状或细小分散粒状组合的集合体形态。主要产于高温和中温热液及矽卡岩矿床中，美国科罗拉多州和澳大利亚新南威尔士州产出的较为知名。此外，中国河南、陕西、山西、辽宁等地也有产出。辉钼矿除了是提炼钼元素的最主要矿物原料，还是自然界已知含铼元素最高的矿物，因此也是提炼铼元素最主要的矿物原料。前述提到辉钼矿与石墨形态相似，但我们用手来掂量两者，辉钼矿更重（密度大），还可通过辉钼矿略带蓝色偏光、条痕绿色等来与石墨区分。

　　钼铅矿是一种铅钼酸盐矿物，常呈立方体，集合体呈柱状或致密块状，产于铅和钼的氧化带中，以奥地利矿物学家乌尔芬（F.X.Wulfenite）的名字命名。钼铅矿的含铅量超过 80%，因此也是提取铅元素的主要矿物。捷克、摩洛哥、阿尔及利亚、澳大利亚、墨西哥和美国等地均有钼铅矿产出。在中国，辽宁杨家杖子、陕西金堆、河南栾川等地是知名的钼业生产基地。

◇ 图 69　辉钼矿

矿 物 名 称：辉钼矿

类别与矿物族：硫化物类，辉钼矿族

晶　　　　系：六方晶系（高温型）、三方晶系（低温型）

化 学 成 分：MoS_2

结 晶 习 性：晶体呈六方板状、片状，桶状，少见琵琶桶形的短柱状；集合体通常呈片状或鳞片状、块状，有时呈细小颗粒状；发育双晶

颜　　　　色：铅灰色

透 明 度：不透明

光　　　　泽：金属光泽

折 射 率：无

莫 氏 硬 度：1—1.5

解 理 与 断 口：一组极完全解理

密　　　　度：5.05g/cm^3

其 他 特 性：具有挠性、有油腻感

琥珀

　　中国有句"虎死精魄入地化为石"的谚语来描述琥珀（如图 70 所示），旧时人们赋予了琥珀趋吉避凶、镇宅安神寓意。实际上，琥珀是白垩纪一新近纪期间松柏科、豆科、南洋杉科等植物树脂经埋藏后，经过石化、冲刷、搬运、埋藏、沉积和成岩后形成的有机混合物，属于非晶质体，一般在砾石岩或煤层中产出，知名的产地包括波兰、俄罗斯、德国，多米尼加，缅甸，以及中国辽宁抚顺等地。唐代诗人韦应物的一首《咏琥珀》描绘了琥珀形成的过程、透明的质地等。

　　从琥珀的形成过程也不难猜测，琥珀莫氏硬度低（指甲能刻划的程度），形状也因质地的柔软而可塑性强，呈现多种多样的外形，如结核状、瘤状、水滴状、钟乳状等，某些在砾石层产出的琥珀因为受到水流冲刷而被打磨成圆形或椭圆形。放大看，琥珀内部常常保留着当初树脂流动所产生的纹路，以及气泡、植物碎屑或挣扎的昆虫。

　　琥珀的密度相当低，仅为 $1.08g/cm^3$，这也是其主要的鉴别手段之一。将琥珀放入清水中，琥珀会沉底。将琥珀置于饱和的食盐水中，它会悬浮在液体中。此外，琥珀在紫外线照射下的蓝白色荧光、加热时产生的松香味、与绒布摩擦产生的静电现象等，可使之与塑料、松香、树脂、有机玻璃进行区分。

◇ 图 70　琥珀

所含有机物类型：琥珀酸、琥珀树脂

化　学　成　分：$C_{10}H_{16}O$

形　　　　态：结核状、瘤状、不规则状；可能有放射纹理、表面皮壳等

颜　　　　色：浅黄—蜜糖色，浅红色—红棕色，绿色，白色，蓝色

透　　明　　度：透明—微透明

光　　　　泽：树脂—玻璃光泽

折　　射　　率：1.54

莫　氏　硬　度：2—2.5

密　　　　度：1.08g/cm³

其　他　特　性：热针测试，有芳香味道；长波紫外线下有浅蓝白色—黄绿色荧光；与绒布摩擦产生静电，可以吸引碎纸；导热性差；易溶于有机溶剂

注：琥珀不是矿物，是一种由有机质组成的非晶质集合体。

［1］中国地质博物馆.矿物种信息网［DB/OL］.［2023.10.18］. http：//www.mineralinfo.org.cn.

［2］国家岩矿化石标本资源共享平台［DB/OL］.［2023.10.18］. http：//www.nimrf.net.cn.

［3］Hudson Institute of Mineralogy.Mindat.［DB/OL］.（2024.5.19）［2023.10.18］. https：//zh.mindat.org.

［4］David Barthelmy. Mineralogy Database［DB/OL］.（2012.09.15）［2023.10.18］. http：//www.webmineral.com.

［5］International Mineralogical Association［DB/OL］.［2023.10.18］. https：//mineralogy—ima.org/Minlist.htm.

［6］张蓓莉，系统宝石学［M］.北京：地质出版社，2006：1—704.

［7］赵珊茸，结晶学及矿物学［M］.2版.北京：高等教育出版社，2011：1—478.

［8］桑隆康，马昌前.岩石学［M］.北京：地质出版社：1—620.

［9］李娅莉，薛秦芳，李立平，陈美华.宝石学教程［M］.武汉：中国地质大学出版社：1—379.

［10］汪品先，田军，黄恩清，马文涛.地球系统与演变［M］.北京：科学出版社，2018：512—547.

［11］李伯谦 主编.青铜器与中国青铜时代［M］.中国科学技术大学出版社，2018：1—280.

［12］黄剑华.从三星堆到金沙 中华文明的惊世发现［M］.北京：中华书局有限公司，2021：1—311.

［13］袁军平，王昶.流行饰品材料及生产工艺［M］.武汉：中国地质大学出版社，2015：1—326.

［14］Clive Gifford. The Rock & Gem Book［M］. London：Dorling Kindersley：1—192.

［15］Drabon N, Byerly B L, Byerly G R, et al. Heterogeneous Hadean crust with ambient mantle affinity recorded in detrital zircons of the Green Sandstone Bed, South Africa［J］. Proceedings of the National Academy of Sciences, 2021, 118（8）：e2004370118.

［16］Anhuai Lu, Yan Li, Hongru Ding, et al. Photoelectric conversion on Earth's surface via widespread Fe— and Mn—mineral coatings [J] . Proceedings of the National Academy of Sciences，2019，116（20）：9741—9746.

［17］张译文 . 马达加斯加天青石宝石及矿物学特征研究［D］. 北京：中国地质大学（北京），2020：1—5.

［18］傅平秋 . 银星石晶体结构的测定［J］. 地质科学，1966, (2): 116—136.